新时代高校人才培养与
人才评价制度研究

吕梦醒　戴　坤◎著

中国原子能出版社

图书在版编目（CIP）数据

新时代高校人才培养与人才评价制度研究 / 吕梦醒，
戴坤著 . -- 北京 ：中国原子能出版社，2022.8
ISBN 978-7-5221-2049-2

Ⅰ．①新… Ⅱ．①吕… ②戴… Ⅲ．①高等学校－人
才培养－研究－中国②高等学校－人才－评价－研究－中
国 Ⅳ．① G649.2

中国版本图书馆 CIP 数据核字（2022）第 142266 号

新时代高校人才培养与人才评价制度研究

出版发行	中国原子能出版社（北京市海淀区阜成路 43 号　100048）
责任编辑	王　蕾
责任印制	赵　明
印　　刷	北京天恒嘉业印刷有限公司
经　　销	全国新华书店
开　　本	787 mm×1092 mm　　　1/16
印　　张	12.25
字　　数	199 千字
版　　次	2022 年 8 月第 1 版　　　2022 年 8 月第 1 次印刷
书　　号	ISBN 978-7-5221-2049-2　　　定　价 72.00 元

作者简介

　　吕梦醒　女，河海大学，农业水土工程，研究生，南京工业大学，讲师，人事处师资管理科。研究方向：高校行政管理，大学生职业生涯规划，思政教育。

　　戴　坤　男，河海大学，水力学及河流动力学，研究生，南京工业大学，讲师，化学与分子工学院学生事务办公室主任。研究方向：大学生职业生涯规划，思政教育。

前　言

　　教育是一种有目的、有计划、有组织地培养人的活动。高等教育是国家发展水平和发展潜力的重要标志，对经济社会发展具有很重要的支撑作用。以智能化和信息化为基本特征的第四次工业革命的迅猛发展对我国高等教育人才培养提出了更高的要求。为应对这场世界范围内的全新科技变革，我国积极实施了"创新驱动发展""中国制造 2025""互联网 +"等重大战略。高校作为优秀文化知识的传播者和创造者，人才培养是其首要职能，而人才培养的关键和根本是人才培养模式问题。我国高等教育适应经济社会文化发展需求，在人才培养模式和课程体系革新等方面不断探索创新，正在着力构建满足新时代优秀创新型人才需要的新模式。

　　人才培养评价作为教育教学的重要组成部分，要对学生的学习过程、结果、效果进行衡量。随着信息技术的发展和教育教学理论的发展以及教学评价方式的转变，人才培养评价的理论体系和实际应用已经发生了很大的变化。

　　本书共分五章。第一章为高校人才培养概述，主要介绍了高校人才培养的概念、高校人才培养理论基础、我国高校人才培养现状三个方面的内容；第二章是新时代高校人才培养模式，从人才培养模式内涵与类型、我国高校人才培养模式分析、国外高校人才培养模式分析和新时代我国高校人才培养模式探索四个方面进行论述；第三章从新时代培养创新型人才的意义、我国创新型人才培养的制度优势、高校人才创新的目标和方法、新时代大学生创新能力的培养四个维度出发，阐释了新时代高校人才培养与人才创新；第四章为新时代高校人才培养与校企合作，主要介绍了校企合作发展现状、校企合作的形式与内容、校企合作人才培养模式改革和提升校企合作有效性的对策四个方面的内容；第五章为新时代高校人才评价制度的构建，分别介绍了高校人才评价的理论基础、高校人才评价的方法与原则、国外高校人才评价制度研究、我国高校人才评价制度的构建等内容。

在撰写本书的过程中，作者得到了许多专家学者的帮助和指导，参考了大量学术文献，在此表示真诚的感谢。本书内容系统全面，论述条理清晰、深入浅出，但由于作者水平有限，书中难免会有疏漏之处，希望广大同行及时指正。

作者

2022 年 3 月

目　录

第一章 高校人才培养概述

本书第一章内容为高校人才培养概述，主要从高校人才培养的概念、高校人才培养理论基础、我国高校人才培养现状三个方面对相关概念和高校人才培养现状进行阐述。

第一节 高校人才培养的概念

人是促进社会和谐发展的关键因素，社会主义的建设离不开高素质的人才。在经济时代中，国家和地区的发展与国民素质的高低、人才数量的多少、人才质量的高低有着密切的联系。人才培养的实践活动对和谐社会的构建起着推动作用，从这个层面上看，人才培养不仅是要每个人都享受受教育的平等机会，还要与和谐社会的建设相呼应。

高等教育发展核心就是提高教育质量。高校要积极应对科学技术进步、经济社会发展以及高校教育改革所带来的新问题和一系列挑战，增强改革的使命感和责任感，不断提高人才培养质量，不断深化人才培养的模式改革。

人才的培养是高校的主要任务。人才培养涉及以下几个方面的问题：

（1）人才培养目标理念的提出与确立；

（2）人才培养对象的确定；

（3）人才培养目标的确立；

（4）开发人才培养的主体；

（5）人才培养的途径和方法；

（6）优化人才培养过程；

（7）人才培养制度的确立。

由此可见，人才培养是一个整体的工程，包括理念、对象、主体、目标、途径、制度与模式等要素。

《国家中长期教育改革和发展规划纲要（2010—2020年）》指出，"牢固确立人才培养在高校工作中的中心地位"，并且"把教学作为教师考核的首要内容，把教授为低年级学生授课作为重要制度"。这个规定反映出国家教育主管部门重视高校人才培养工作，但同时不禁引发人们对事实的思考，"作为教师的'天职'，给大学生上课，不得不从国家教育主管部门的层面上作出规定。"[①] 这证明在规定颁布之前，人才培养并没有达到此种重视程度，所以需要规定的加持。

高校的职能有三：科学研究、人才培养、直接为社会服务。其中"人才培养"作为高校的三大职能之一是基础职能，其余二者中"科学研究"是重要职能，"直接为社会服务"是拓展职能，也是必要职能。但是现在全国各个高校却出现了轻教学重科研的情况，不论是重点高校还是地方高校，它们均忽视人才培养，转而重视科学研究，形成了一套完整的评价指标体系，教师参考这套标准为自己评先评优和职称评定做努力。这导致一些老师在教书育人方面做得很好，但是会因科研成果不足而跟其他教师产生待遇差距，从而造成较大的心理落差。所以当前的许多教师会依据标准体系对"教"和"研"做出轻重缓急的区分，花费更多的精力进行科学研究，忽视教学的重要性。"究其原因，在于当前高校的评价指挥棒太功利，重科研、轻教学；教书育人本来是高校最根本的任务，但慢慢被边缘化了。"[②] 这三大职能既相互区别又相互联系，三者的发展时间顺序决定了它们重要程度的排序，其中人才培养是中心环节和基本职能。只有清楚地认识和把握人才培养的职能定位，才能有效提高高校人才培养水平。

人才培养并不是简单的教学。高校的人才教育是对人的教育，它不同于小初高的基础教育，而是拥有一定的专业性。在我国社会主义制度下，高校的人才教育要求为国家培养社会主义的接班人，针对不同的领域做到行行出状元。人们之所以会出现人才培养就是教学的误区，是因为二者的归属范围极易混淆，人才培养是高校的中心环节，教学是人才培养的中心工作。事实上，教学和教育的概念是有所区分的，教学是教育的一种培养方式，而教育的实质是培养人，将自然人培养成德智体美全面发展的社会人。一个合格的社会主义现代化专业人才不仅需要有过硬的基础知识，还要从人才培养角度出发综合考虑他的人格素质，例如是

① 邬大光. 大学理想和理念漫谈 [J]. 高等教育研究，2006（12）：1-5.
② 周光礼. 高校人才培养模式创新的深层次探索 [J]. 中国高等教育，2012（10）：23-25.

否具有职业素养、能否顺利与人沟通、是否具有合作意识和合作能力。显而易见，如果想要教育出"有知识、有文化、有能力"的人才不能仅仅依赖教学，而是需要多方面共同发力。在教师课堂教学之外，同时开展校园文化建设、社会实践和社团活动等，全面提高学生的综合素质，不能让大学成为课堂培训的代名词，否则高校就会变成只提供学历文凭的交易场，空有其表而没有内涵。

第二节　高校人才培养理论基础

一、人的全面发展理论

人的发展在近代逐渐成为哲学家们关注的重点，人们热衷于对人进行全面的剖析和研究。伟大的思想家、哲学家马克思和恩格斯在他们所处的时代里，尽自己所能对人的全面发展研究做出了贡献。他们取前人成果之精华，加之以个人的思考和感悟，并结合时代的特性和风貌，创造出了全新的理论——人的全面发展学说，这个富有创造性的理论后来成了马克思主义学说的重要理论之一。人的全面发展学说认为，人的全面发展即人的社会的全面发展，是人的社会交往的普遍性和人对社会关系的控制程度的高度发展。可以从两个方面理解：第一，从社会角度来说，人的发展就是自然人变成社会人的过程，人不断融入社会，形成自己的社交圈子，使人类社会从必然王国走向自由王国，在政治经济和精神文化方面全面发展；第二，从个人角度来说，人的全面发展即人的个性的全面发展，包括各项身体能力和精神能力的发展、情感态度价值观的发展、对世界的认知的发展等，其中需要呈现出作为一个独立个体所富有的独特性和不可替代性，这就是人本身的价值。人的个性化和社会化是人的全面发展的两个方面，它们分别指代了个人的全面发展和社会的全面发展。个人的全面发展离不开社会的全面发展，社会发展是个人发展的基础，社会生产力创造的物质和文化基础是个人发展的必要基础；社会的发展是由每个人的发展推动的，只有人们用奋斗创造未来，社会才会获得长足进步，因此个人的全面发展是社会的全面发展的条件。社会历史的发展规律是在人的历史活动中实现的，它的本质即人的活动规律。马克思和恩格斯第一次提出"人的全面发展"这一概念是在《共产党宣言》中。他们提出，"代替那存在着阶级和阶级对立的资产阶级旧社会的，将是这样一个联合体，在那里，每个人的自由发展是一切人的自由发展的条件。"马克思认为人的全面发展首先是智力和体力的综合发展。社会分工是因为智力和体力的各自发展而形成的，这就导致劳动者的片面发展情况的出现，专一的劳动方式不利于全面的人的发展，全面均衡的劳动方式才会促进脑力与体力的结合，使个人能够成为不同的劳动类型所需要的人才，在社会中实现全面发展，做到社会职能彼此交替转化。马克思提出所谓"全面发展的个人"是指，"用能够适应极其不同的劳动需求并且在交替变换的职能中只是使自己先天和后天的各种能力得到自由发展的个人来代替局部生产职能的痛苦的承担者"。

马克思主义的著名传承者毛泽东、列宁等，就人的全面发展问题，结合自身的社会环境，做出了富有深度的分析讨论，这是对马克思主义人的全面发展理论的继承和发展。列宁 1920 年曾在《青年团的任务》中指出，"青年团的任务就是要这样来安排自己的实际活动：使团员青年在学习、组织、团结和斗争的过程中把他们自己和那些以他们为带头人的人都培养成共产主义者。应该使培养、教育和训练现代青年的全部事业，成为培养青年的共产主义道德的事业。"[①] 他强调，"青年们只有把自己的训练、培养和教育中的每一步骤同无产者和劳动者不断进行的反对剥削者的旧社会的斗争联系起来，才能学习共产主义。"[②] 他要求"青年团员应当利用自己的每一刻空闲时间去改善菜园工作，或在某个工厂里组织青年学习等等。我们要把俄国这个贫穷落后的国家变成一个富裕的国家。因此，共产主义青年团必须把自己的教育、训练和培养同工农的劳动结合起来，不要关在自己的学校里，不要只限于阅读共产主义书籍和小册子。只有在与工农的共同劳动中，才能成为真正的共产主义者。必须使大家都看到，入团的青年个个都是有文化的，同时又都善于劳动。"[③] 以上理论有利于我国培育全面发展的社会主义新青年。中华人民共和国成立后，劳动人民在党和政府的带领下努力提高经济实力，用自己的双手奋斗出了美好的生活，改变了当时贫苦落后的社会状况，推动中国向更强的大国迈进。这些成了人的全面发展的基本条件和重要因素，毛泽东在社会主义革命和建设的实践的基础上发表了自己更深层次的看法。毛泽东在《关于

---

① 列宁.青年团的任务 [M].中共中央著作编译局译，北京：人民出版社，1992.
② 同上。
③ 同上。

正确处理人民内部矛盾的问题》中强调："我们的教育方针，应该使受教育者在德育、智育、体育几方面都得到发展，成为有社会主义觉悟的有文化的劳动者"①（《中国共产党指导思想文库》编委会，1992）。毛泽东又在《青年团的工作要照顾青年的特点》的重要讲话中，提出"要使青年身体好，学习好，工作好"②。毛泽东的这些思想继承和发展了人的全面发展理论。邓小平也将人本身作为发展理论的最终归宿，而经济基础决定上层建筑，经济是一切事物的保障，所以经济的发展最终是为人类的发展服务，它要做到满足大部分人的生活需要，提升自身素质，进而保障人类社会的制度公平、人类社会的存在合理。1988 年邓小平会见捷克斯洛伐克总统古斯塔夫·胡萨克，谈到科学技术发展时说："要把'文化大革命'时的'老九'提到第一，科学技术是第一生产力嘛。"③他还强调"第一生产力"中和实现"四化"的关键因素——人的重要性。

习近平强调："人才资源是第一资源，也是创新活动中最为活跃、最为积极的因素。要把科技创新搞上去，就必须建设一支规模宏大、结构合理、素质优良的创新人才队伍。"④党的十八大以来，习近平高度重视人才和人才工作。就如何识才、爱才、育才、用才、敬才以及人才体制机制改革等问题，他发表了一系列重要讲话，提出了很多新思想、新观点、新论断和新要求。在纪念孙中山先生诞辰 150 周年大会上，习近平出席大会并发表重要讲话。习近平强调："新中国成立67 年特别是改革开放 30 多年来，在中国共产党领导下，中国人民在社会主义道路上实现了一个又一个伟大飞跃，取得举世瞩目的伟大成就。今天，我们可以告慰孙中山先生的是，我们比历史上任何时期都更接近中华民族伟大复兴的目标，比历史上任何时期都更有信心、有能力实现这个目标。"⑤实现党的十八大确定的各项目标任务，进行具有许多新的历史特点的伟大斗争"关键在党，关键在人"。2018 年，习近平在全国组织工作会议上再次对做好人才工作提出了要求，强调要加快实施人才强国战略，树立人才引领发展的战略地位，努力建设一支矢志爱国奉献、勇于创新创造的优秀人才队伍⑥。在新时代的社会浪潮下，国际竞争已经变为以经济和科技实力为基础的综合国力的较量，其本质就是人才的竞争、科技的

① 中国共产党指导思想文库编委会编.中国共产党指导思想文库 [M].北京：中国经济出版社，1998.
② 毛泽东.青年团的工作要照顾青年的特点.1953.6.30.
③ 邓小平.会见捷克斯洛伐克总统胡萨克时的谈话.1988.9.5.
④ 中共中央文献研究室编.习近平关于科技创新论述摘编 [M].北京：中央文献出版社，2016：01.
⑤ 习近平在纪念孙中山先生诞辰 150 周年大会上的讲话.2016.11.
⑥ 习近平在全国组织工作会议上的讲话.2018.7.

竞争。所以更需要大量优秀的全能型人才，来应对国际竞争给各行各业带来的时代挑战。高校也应顺应时代发展潮流，多为社会培养出复合型人才，转变人才培养观念，重视人才建设，调整学校职能架构。

马克思关于人的全面发展理论是马克思主义教育思想的重要组成部分。根据马克思全面发展理论，全面发展的教育应包括智育、体育、劳动技术教育、德育和美育。从人的发展角度讲，培养全面人才的根本目的是克服专业结构单一而导致的人的片面发展，促进人的全面发展。由此可见，马克思关于人的全面发展理论从哲学角度为人才培养铸造了理论基石。

二、跨学科教育理论

现代跨学科教育理论出现较早，例如第一次世界大战时的教育运动，主张打破文科学科边界；第二次世界大战的教育界改革，对整合思想与教育以及跨学科的关系进行探讨。美国、法国、英国、德国、苏联及日本等国家在 20 世纪时就进行了高校改革，他们在专业开设和课时构成方面变得更加综合化、现代化。这一举措迅速风靡开来，引起广大学者的注意，学界掀起一股跨学科教育的研究浪潮，比起以往的研究更加注重起源、动机和类别。

（一）跨学科教育的起源

早在柏拉图、亚里士多德时期，跨学科教育就已经崭露头角，哲学家们认为知识应一体化来培养全人。在分化学科为主流的时代背景下，知识一体化在高校中的探索一直存在，它是一个铿锵有力的传统力量，指引着学科整合的工作方向。跨学科教育的起源被经济合作与发展组织总结为五种需求的驱动。第一，学科发展的需求。学科愈来愈有专业化的发展趋势，研究领域变得深而精，还出现了一些交叉型新兴学科，它们涉及多个学科领域，将不同的学科之间具有相关联系的概念整合在一起，本学科的知识通常需要借助其他学科来进行解释，从而丰富学科知识和学科种类。第二，学生发展的需求。这是因为有学生对划分学科感到不满，通过跨学科教育可以提供一个折中的解决办法，这是对学科分类的反抗力量，从学生的角度出发，对教育现状做出自己的行动，保证学生的基本学科需求。第三，职业训练的需求。社会需要一些面对问题时能够多角度处理的人才，而学科分类培育的是某一领域的专一型人才，这时跨学科教育能够很好地解决这一问题，可以从各个学科的知识传授过程中培养出社会所需要的"专家"。第四，社会革新的需求。社会在不断发展中诞生出了许多新的研究领域，比如城市化研究、环境研究等社会问题领域，在这些新兴领域中涉及的知识通常范围较广，需要引入多个学科进行学习研究，跨学科教育符合这一学习要求，因此可以将其引入大学教育，对通识教育进行革新。第五，大学管理的需求。在目前的部分学校中可以找到管理需求的解释，一些学校选择在管理方面或者职能分配方面使用跨学科教育，在这种情况下，跨学科直接与大学体制的重新组织与重新布局有关，可以对学校资源和管理经费进行更合理的分配，从而有效提高高等教育中的管理效率，达到良好的预期效果。

（二）跨学科教育发展动机

通过对几所大学深入的分析研究，经济合作与发展组织又将跨学科教育的发展动机分为四种。第一，源自学生的动机。学生们可以在跨学科教育中学习到更新颖、实际的专业知识，增加学习的兴趣和信心；开拓全新的业务领域，提供给学生更多的就业机会；促进学生的全面素质发展，有利于学生适应市场；激发学生的创造性，掌握更多研究手段。第二，源自教师与研究人员需求的动机。教师们可以在跨学科教学中灵活运用方法从而达到目标；使教师能够在遇到困难时采取人为的方法，具有可操作性；改变在单一领域研究遇到问题时的孤立情境；增加知识储备，开拓新的学科领域。第三，源自大学体制变革要求的动机。大学体制存在一定不足，跨学科教育对体制的变革既打破了学校中的学科沟通障碍，又将社会和学校、现实和道理相联系。第四，源于科学兴趣的动机。既可以创造新的专业化，又可以避免过度专业化；既展示了不同现象的共通之处，又能将它们区分开来；既可以拓宽学科范围，又可以具体确定到新的学科领域范围；既能提供理论，又能付诸实践。

（三）跨学科教育活动分类

跨学科教育可以分为四类：第一，借用型跨学科教育，即借用别的学科知识为本学科的教学服务；第二，综合型跨学科教育，即采用教学小组的形式，将多个教师涉及的不同领域进行融会贯通，合作教学；第三，概念型跨学科教育，即调动学生积极性，在复杂教学活动的前提下发现其方法的优缺点，批判教学；第四，超学科型跨学科教育，即综合运用所有学科的方法，突破各个学科间的界线。

三、多元智能理论

多元智能理论由美国哈佛大学教授、著名认知心理学家霍华德·加德纳于1983 年在《心智的结构》中首次提出，这一理论对传统教育和标准化测试评价产生了深刻的影响，受到教育界广泛关注，并成为 20 世纪 90 年代以来许多西方国家教育改革的指导思想之一。[①] 加德纳认为，智力是一个基本单位，智能本质上是一个复数的、多元的概念，是在某种社会或文化环境的价值标准下，个体用以解决自身遇到的真正难题或生产及创造出有效产品所需要的能力。每个人都普遍具有八种智能：一是语言智能，主要是指个体对文字意义、顺序、语音、语言节奏等的敏感性和感知力；二是数学逻辑智能，指个体在行为活动之间和符号之间建立逻辑关系的能力；三是视觉空间智能，指个体进行空间排列的思维能力；四是身体动觉智能，指人运用整个或部分肢体解决问题的能力；五是音乐智能，指人对音乐的节奏、音高、音调、曲调等的感知能力，也包括唱歌、演奏乐器和作曲的能力；六是人际智能，指有效与人交往相处的能力以及对他人情绪、感情、性情等的敏锐感知力；七是自省智能，指认识、洞察和反省自身情绪、目标的感知力及根据自身特点采取行动的能力；八是自然智能，指个体对自然环境的特征进行分类和区别的能力。

不同的人为了达到某个目标，可以采取相应的智能来作用。但是不同的智能之间不是相互割裂的，它们之间存在着相互影响和相互联系的关系，并不是孤立拼接的条形图，它们的发展需要一定的连接方式，包括瓶颈效应、补偿效应、催化效应。瓶颈效应即两个智能中存在一个智能被另一个智能牵制的现象，例如一名学生的数学成绩很好，但是语文成绩却差强人意。补偿效应即弱项智能有时会带来负面影响，这种影响有被强项智能遮盖的可能性，例如，一个戏剧表演的学生身体动觉智能较差，但是他的语言智能更胜一筹。催化效应即在两种智能之间，可能会发生一个智能推动其他智能的情况，例如当一个文学学习者在创作诗歌时，

① 李宏涛，王慧晶．多元智能理论下大学英语实践课教学设计——以内蒙古工业大学为例 [J]．内蒙古工业大学学报（社会科学版），2016，25（02）：106-108+113．

视觉空间智能和音乐智能可以激发他的画面和韵律的灵感。跨学科教育可以对不同的智能产生催化效应，深挖学生在不同方面的潜力，将它们表现为日常生活的行为反应，从而达到教育的最终目的。若想使催化效应发生反应，首先可以开设综合性的课程、举办整合性的活动，把拥有不同智能的人聚集在一起，使每个人的不同智能相互影响，合理运用团队的力量达到事半功倍的效果，在这个过程中不同伙伴的智能会得到不同的发展，可以开发新智能或加强旧智能，达到合作共赢的优良效果。但是多元智能理论在时间的长河中多存在于中小学教育，在高等教育中的运用不多。多元智能理论会在高校教育中带来什么效益？对于跨学科的综合性人才培养，多元智能理论可以起到多大的作用？这些现实问题有待解决。

四、教育目标理论

培养人才是高校教育的核心目标，人才的培养必须遵循一定的教育原则和教育方法，其中有三个理论起到导航的作用，它们分别是教育功能理论、教育目的理论和高校职能理论。

（一）教育功能理论

教育功能是教育目标制订的最基础的依据。教育功能就是指教育有利于人类发展和人类社会发展，因此教育的定义为：教育是培养人的活动。在这个概念中体现出了教育、人、社会这三个基本要素。同时也展现出了教育促进人的发展和促进社会发展这两大基本功能。教育作为一种社会现象，与社会中的其他现象存在交叉领域，与自己的领域融合形成在新的领域中的功能，例如在政治、经济、文化等方面发挥着自己独特的作用。而且，教育是对人的教育，它促进人多方面的发展，例如思想道德层面、审美意趣方面、智力方面、体力方面等。由于社会的发展对个人的发展具有相同的领导力，所以教育在二者的功能体现上是一致的，这表现在：社会的发展以个人的发展为前提，只有个体素质提高，群体才会得到发展；个人的发展凭借社会的发展成果更上一层楼，以满足社会发展为目标。这就是"个人本位教育论"和"社会本位教育论"，教育界曾经因为这两种不同的观点发出了不同的声音。我们需要认识到的是，二者需要辩证看待，它们本身并没有过错，但是缺乏辩证的眼光。社会的发展和人的发展相互促进、互为目的，教育就是将二者结合，既促进个人的发展，又促进社会的发展，所以必须全面看待二者的作用。

（二）教育目的理论

教育需要有目的，它应当在开始之前就自觉地对此次活动有预期和规划，并不能完全任其发展、随心所欲。我们必须在教育活动中确定应当将受教育者往什么方向引导，对此提前做好计划和想象，因此教育的目的就是社会对教育所要造就的社会个体的质量规格的总的设想或规定。它作为一个在教育过程中存在感极强的问题，是制定教育目标时的总的理论依据，也是一个国家对各类各级教育总目的的规定。它及时传达出一个社会的现实需要，同时也会受到社会条件的制约，比如生产力发展水平的制约、社会经济及政治制度的制约、教育对象的身心发展规律的制约和历史背景和文化传统的制约等。我国的教育目的主要表现为以下几个方面。

第一，培养建设人才或社会主义劳动者。它明确了我国教育人才的社会价值和地位，指出了社会主义制度下我国教育的方向，应以培养合格的社会人为准则，人民是国家的主人，推动中国向更好的未来迈进。

第二，要求全面发展。德智体美劳全面发展是我国教育的要求，"五育"方面的培养有利于学生身心的全面发展。

第三，具有独立个性。全面发展不等同于平均发展，德智体美劳的"五育"发展应遵循学生的主体地位，不能齐头并进、标准同一，应根据每个人不同的性格和发展状况有侧重地对学生进行教育，依照事物发展的客观规律，培养出独立个性的人而不是独立同一的人。

（三）高校职能理论

教育的目的是培养人，功能是促进人的发展和社会的发展，教育拥有它专门的机构——学校来进行培养人的活动，所以学校的基本职能就是要培养人来促进个人和社会的发展。学校的类别不同，其职能的侧重点也不同，对于高校来说，它拥有雄厚的师资和科研力量，这决定了它除了需要培养人才，还要促进专业科学的发展以此来对社会进行有效服务。所以，高校的三大职能为：培养人才、发展科学和服务社会。培养人才是高校教育的第一要务，目前世界正在迎来新一轮的科技革命，我国应从教育方面培养出高素质人才应对世界挑战，这就要求高校依据"三个面向"标准对教育教学进行改革，培养出创新型的新实践人才。发展科学是高校的另一特殊职能，在高校职能的发展过程中，世界上的高校已经在科学研究方面扮演着不可或缺的重要角色。除此之外，服务社会作为高校的最后一个职能也有着重要的作用，高校通过发挥自身得天独厚的优势，来对社会做出自己应有的贡献。目前出现了一种新的社会服务形式，高校通过与研究机构、企业等建立合作，多方面发展教学、科研和生产，培养出人才对社会极强的适应能力，提高人才创造力。

总的来说，高校制定教育目标时，要在教育功能的总指导下进行，同时按照不同类别的教育特点因材施教，为国家人才培养做贡献，实现高等学校独特的教育功能。

五、通识教育理论

通识教育来源于古希腊亚里士多德的自由教育或博雅教育，由人文主义教育发展而来。文艺复兴时期，人文主义教育的目的在于对青少年施以通才教育，以培养身心全面发展的人，通才教育具有符合自由人价值的特点，它能够使德行与智慧在受教育者身上得到更好的弘扬，唤起和发展那些使人趋于高贵的身心和最高才能。

至今通识教育并没有一个明确的、统一的定义，它在不同的文献中出现，其表述方式也不尽相同。我国著名学者汪永铨、李曼丽在参考国内外有关通识教育的相关描述后，归纳出了自己的看法和总结，即初步从性质、目的和内容三个方面描述通识教育。就性质而言，通识教育是高等教育的组成部分，是所有大学生都应该接受的非专业性教育；就其目的而言，通识教育旨在培养积极参与社会生活的、有社会责任感的、全面发展的社会人和国家公民；就其内容而言，通识教育是一种广泛的、非专业性的、非功利性的基本知识、技能和态度的教育[①]。

中华人民共和国成立后，我国参考苏联的高等教育模式，将学科分为文理工医农等不同专业，设置口径狭窄的专业，强调培养专业对口的人才，造成了重科技、轻人文，重专业、轻通识，重书本、轻实践，重统一、轻个性，重知识、轻方法，

---

① 李曼丽，汪永铨.关于"通识教育"概念内涵的讨论 [J].清华大学教育研究，1999（01）：99-104.

重课内、轻课外，重教师讲授灌输、轻学生主动探究等弊端。[①] 这种高等教育模式在不断变化的时代中显现出了它的不足，刻板的专一教学模式不适应飞速发展的现实生活，尤其是我国以社会主义为基础的经济体制不断调整，这种人才培养模式就显得越发力不从心。如今的社会需要全面型人才，技术人员已经趋于饱和，培养出思维灵活、技能全面、素质优良的人才是未来人才培养的趋势。在我国大形势下，许多企业对大学毕业生的看法是：知识面具有针对性，但范围过于狭窄、动手实操能力不强。所以在各个方面的要求下，人才培养必须有宽广的目标和抱负，培养出动手能力强、思维灵活的高质量大学生，注重复合型人才的培养，使其具有较高的适应性来应对不断变化的市场。

通识教育在近年来发展火热，逐渐引领教育的主流方向。在社会风气的影响下，许多大学以培养复合型人才为主要目标，在日常的教育中注重学生健康人格的塑造，提高大学生的综合素质，使高校生具有深厚的基础知识、宽阔的知识面、出色的能力等特点。于是调整大学课堂结构成为必不可少的事情，通识教育崭露头角。大学的通识教育以学分为基础，依据内容分配学分比例，设置选修课，开拓学生的视野，计入学分以保证学生全面发展。各个高校引理入文、引文入理，真正做到了文理渗透，从而保障大学生有宽广的见识、充足的兴趣，全面提高储备人才的综合素质，发展学生的能力和知识。

六、教育规律理论

教育有两个基本规律，包括教育外部关系规律和教育内部关系规律。其中外部关系规律是指教育本身即为社会的一个子系统，它与其他社会子系统包括政治系统、经济系统、文化系统等，或与整个社会系统之间的相互关系规律。内部关系规律是指存在于教育这个系统中的其他构成要素间的相互关系规律。

教育的两个规律可以描述成：教育必须受社会政治、经济、文化一定的约束，同时能够为具体的政治、经济、文化发展服务。社会主义制度下，教育必须培养德、智、体、美、劳全面发展的人。

教育的外部关系规律说明，教育需要服务于社会的政治、经济、科学、文化

① 徐辉，季诚钧.中国大陆、香港、台湾地区高校通识教育之比较 [J].比较教育研究，2004（08）：61-65.

等。高等教育需要以教育的外部关系规律为参照，做到与政治、经济、科学、文化协调发展，促进社会向好发展，满足社会的需要。改革开放之后，我国逐步向社会主义市场经济体制转型，摒弃了长期以来实行的计划经济体制。高等教育面临着许多挑战，尤其是市场经济体制的确立和市场经济的发展给教育带来了新的机遇。所以高等学校应以市场为主导方向，适应社会发展，对学科专业进行合理开设，继续调整专业结构和人才培养结构，争取通过自身的改革适应社会的发展。

个人的成才有它特殊的规律存在，教育者必须在事物规律的基础之上因材施教、因势利导，根据每个人的不同特点扬长避短，使其能够在某一方面成长为专业的人才。专才教育不仅违背了事物的发展规律，而且磨平了个人的棱角，不能使受教育者健康成长。教育的内部关系规律体现了我国独特的教育方针，指明了我国人才培养的总目标，规定了高等教育的培养规模。因此，高等学校的培养方针必须与人才培养目标相一致，倘若出现了偏离，则需要对高等教育人才模式进行合理改革，使人才培养途径、培养方案更好地与人才培养规格、培养目标相统一，从而让人才培养更好地符合人才培养的目标。

高等学校培育高质量复合型人才以教育规律理论为理论基石。随着现代社会的发展，学科已经发生了明显的变化，新兴交叉学科出现，各个专业之间颇有互相融合的趋势。自 19 世纪 80 年代以来，科学技术的发展向综合化转变，对人才需求也发生了变化，尤其是 21 世纪的今天，互联网和计算机发展迅速，对复合型人才的要求更高。高等教育学校在对复合型人才的培养方面，应依据事物发展的客观规律，综合考虑社会发展趋势，来对人才培养进行改革，以社会需要为风向标确立培养目标，培养出为社会服务的高质量人才；同时在培养目标的基础上，参考教育内部关系规律，对专业的培养计划进行适当调整，使之更符合高校的培养目标，对于人才培养工作更加得心应手，使资源合理分配。

七、素质教育理论

20 世纪 80 年代初，我国先后提出了提高劳动者素质、提高民族素质、提高国民素质等要求。柳斌在《努力提高基础教育的质量》一文中正式使用"素质教育"一词[①]。在 20 世纪 80 年代已有的教育基础上，20 世纪 90 年代对其进行发展

---

① 柳斌. 努力提高基础教育的质量 [J]. 课程. 教材. 教法，1987（10）：1-5.

探究，提出了素质教育。比如，在 1993 年，中共中央、国务院印发了《中国教育改革和发展纲要》，其中透彻地论述了教育对提高全民素质的重大意义；1994年，在《中共中央关于进一步加强和改进学校德育工作的若干意见》中，明确地提出了加强素质教育的具体要求 ①。于 1999 年颁布的《中共中央国务院关于深化教育改革，全面推进素质教育的决定》，把素质教育确定为我国教育改革和发展的长远方针，提出"全面推进素质教育，培养适应 21 世纪现代化建设需要的社会主义新人""深化教育改革，为实施素质教育创造条件""优化结构，建设全面推进素质教育的高质量的教师队伍""加强领导，全党、全社会共同努力开创素质教育的新局面" ②。这标志着素质教育观已经形成了系统的思想。《中华人民共和国义务教育法》明确规定，"义务教育必须贯彻国家的教育方针，实施素质教育" ③。这标志着素质教育已经上升到法律层面，成为国家意志。因此，素质教育可以理解为一个全新的教育思想，它以现有知识经济条件为基础，服务于教育体制改革。素质教育包括人才培养模式的构建、教育观念的更新和教育体制的改革。

个人的素质在教育学中的定义是，与先天性基因有密切关系，同时能够在后天的培养中发生改变，以探索活动和实践认知为方式而形成的较为稳定的品质和心理。它同时受两方面影响，即先天条件和后天教化，所以个体的素质既是人的本质的体现，也是社会中的教育、文化等的体现。由此可见，素质、能力、知识就是构成人才的三个基本要素。而在高等教育中，个人素质有四个要素：文化素质、思想道德素质、身心素质、专业素质。四者的关系为：文化素质是基础，思想道德素质是根本，身心素质是本钱，专业素质是本领。

我国目前推行素质教育，要求高校在人才培养方面同时做到以素质教育为基础。应如何在素质教育的要求下进行人才培养，需要做到下面三点：首先，以现实需求为主，对实践练习有足够的重视，摆脱学生死板读书的情况，不能忽视个人素质的实践性；其次，注重学生素质的全面发展，对于四种素质内涵即文化素质、思想道德素质、身心素质、专业素质，不能只强调一点，应重视个人素质的整体性，为德智体美的全面发展塑造一个良好的校园环境和教育环境，帮助个人成才；最后，对于人才培养应注意素质、能力和知识的综合培养，三者并不是割

① 中共中央 . 中共中央关于进一步加强和改进学校德育工作的若干意见 .1994.8.
② 中共中央，国务院 . 中共中央国务院关于深化教育改革，全面推进素质教育的决定 .1999.6.
③ 全国人民代表大会 . 中华人民共和国义务教育法 .2018.12.

裂的关系，而是相互联系、相互影响的，应尽力做到不偏重地培养人才，培养适应新时代的高素质高水平人才。

第三节　我国高校人才培养现状

在竞争日益激烈的现阶段，人才培养成为高校质量评价的核心要素。如何解决人才培养中存在的问题，积极构建人才培育体系，发挥现有人力资源效益的最大化，成为摆在高等教育管理层面前的重大课题。

一、管理观念与管理方法

观念是行动的前提和基础，高校人才培养观念对于教学质量的提升具有指导与引领作用。当前，我国高校的教学质量管理观念还十分落后，造成高校教学全面质量管理的实施效率低下，制约了高校教学质量的提高。

（一）高校落后的教学质量管理观念

有学者曾经分析了高校教学质量管理观念落后的原因。

1. 分数主义盛行

分数是评定学生学业成绩的主要工具，也是考察教师教学质量的重要指标。有些高校甚至通过分数评选优秀教师，选取优质课程，评定学生的优秀率、合格率以及不合格率等。这些分数第一、分数主义、分数管理在很大程度上扭曲了高校教学管理的价值观，使教学的全面质量管理带有强烈的功利色彩，导致教学质量管理的低效率。

2. 规章管理泛滥

高校教学质量管理太过重视规章制度的制定，出现了"见章不见人，重章不重人"的现象。这种管理方式严重扭曲了人才培养的本质，使管理变成了检查，高校教师忙于应付，难以发挥教学主体的能动性。在这样的教育背景下，即使进行教学改革，也只是在做表面工程，奉行形式主义。

3. 静态管理较为严重

传统意义上的教学质量管理以质量控制为核心，教学要求与学生间的符合性程度是其质量标志，属于一种静态的管理。这种管理模式只看重结果，忽视了过程，是一种片面的、僵化的管理模式。

（二）原因分析

从文化变革的角度上看，由于学校组织及其工作人员本身就缺乏足够的观念意识和制度准备，目前学校的办学理念和组织结构仍然沿用传统的模式。即使高校拥有先进的科学技术，但由于沿袭传统，一直固守着传统的非质量管理模式下的组织方式与制度。历史的改变是不能避免的，而学校总是处于被动地位，不是主动改变或者是改变别人。在其他组织不断革新与前进时，学校的改革依然在缓慢进行。正因为拥有保守的思想和缓慢的作风，高校的改革过程总是极其漫长。尤其是一些历史悠久的高校，传统文化思想根深蒂固，一些消极思想因素难免会给教育工作增添困难。从组织形式上看，稳固的学科部门模式是学校的基础。各个学科部门之间互相竞争学校的资源，并由学科部门决定教职工的任期和晋升，这就更加强化了高校的学科部门组织结构。高校在进行横向管理方面也存在着困难。横向管理不仅包括各学科部门之间的协作教学，也包括部门合作拓展课程等有价值的活动，能够较好地体现团队精神。但由于学科部门结构的不合理，给学校的管理工作带来了不少问题。

我国高校长期以来受到精英主义的影响，认为高校的主要使命就是选拔优秀人才并使他们保持优秀，而不是考虑将不优秀的人培养为优秀的人才，或者将出色的人培养为更加优秀的人才，管理方法单一，缺乏进行质量管理的动力。在我国，最早引进全面质量管理的高校，主要是依照上级主管的行政命令要求执行任务，以实现与国际接轨的现实需要。它们为获得国际市场的准入资格，才被迫依照国际标准提升教学质量，实行全面质量管理，保证学生的质量达到国家标准。在政府与企业的双重压力下，全面质量管理理念才逐渐被引进教育领域。美国许多高校主要就是受到企业界推行质量管理理念的推动，再加上自身减少成本、提高质量的迫切需要，因此开始实施全面质量管理。与美国高校相比，我国高校缺乏相应的主动性，是在企业和政府的干预下不得不进行改革。在实际运行的过程中，我国高校因为始于外部的干预，内部动力不足，使得实践中的教学工作处于被动地位，形式主义现象十分普遍。简单来说，建立高校质量管理体系，全面实施质量管理，是新世纪高校的必然选择。

在管理方法方面，高校往往只重视目标管理，而忽视了过程管理。我国研究型的高校质量管理基本上一直沿用传统的目标管理模式，缺乏过程管理的自身特性，缺乏对管理过程行之有效的监控。将质量控制的重心放在教育工作效果的评估上，事前控制能力较差，对学校教育质量的评价采用的通常是终结性评价。这种模式具有简单、高效、最终控制的显著优势，对于成本较低、具有可逆性的产品进行生产过程的管理，使用以目标管理为主的管理模式是行之有效的。然而，对于成本较高、不可逆转的高素质人才培养的过程而言，一旦教育质量出现问题，往往会造成无法弥补的损失以及无法挽回的后果。

高校之所以要开展教育质量检查，主要是通过校外评价与自我评价相结合的方式，推动高校进行办学方向、课程开设、学生学业成绩等方面的改进工作。许多高校还未能深刻理解质量管理和高校生存发展的重要意义及其中的深刻含义，单纯为了通过质量审核小组的审核，高校部门以及相关单位都对质量保障、规章制度文件和质量记录做了大量的准备工作，耗费了大量的时间和精力。而在评估工作结束以后，又回到了之前的状态。为了使质量管理的目标和要求贯彻到日常的学习生活中，全面实施质量管理必须要建立质量管理体系，制定质量方针、质量手册、工作流程以及岗位说明书，对相应的质量活动进行详细的记载，并严格要求质量管理体系的文件档案以及与其相对的质量记录。质量评估的中介必须进行定期的质量审核，以检查学校的质量管理活动是否符合教学的计划安排，计划的实施情况是否达到了预定目标。

全面质量管理的理念最初发源于企业，引入学校一定有其局限性。高校在引用全面质量管理模式时，要以市场与社会需求为导向，并结合自身的情况，基于高校教育自身的发展特点与教育的发展规律，采取不拘一格、灵活多变的管理方法，最终促使学校教育质量全面提高。

所有这些问题，高校必须严肃对待，加以研究和探索，寻求过程的不断优化和完善。任何一种培养模式的推行都不是一蹴而就的，没有不断尝试和探索的精神，就不可能产生完备的理论与实践。大胆质疑是前提，不断创新、不断冒险的精神更是一种必需。如今，高校教育领域尤其需要统一地、理性地引进一些新的管理理念，为学校注入新的生机。

二、管理方位层面

当前，我国高校人才培养中，在管理层面普遍存在着一些问题，教学监控力度不够，管理制度不健全，师资队伍素质、学历层次偏低，片面强调学术性、课程设置不合理、学科条块分割过细等，加强对这些问题与对策的探讨，对于全面质量管理评价体系的建立具有重要意义。

（一）高校教学监控的内容较为单一

高校教学质量监控的实践教学具有特殊性，因而高校应该形成一套以科学的专业规范为大纲，以社会化的人才评价为标准，以职业能力为导向的教学质量监控体系，并在此基础上确定科学完善的实践教学监控内容。现有高校实践教学质量监控大都以学生考勤、实践知识考试或程序性知识考查、实习日志等为依据，未能较好地监控实践教学内容是否符合专业培养目标，实践教学是否能够提高学生的动手能力，实践课时是否符合国家标准，而这些应是高校实践教学的重要监控内容，对这些重要监控内容的忽视也是导致高校培养学生的现状与人才质量标准形成较大差距的重要原因。

（二）兼职教师的管理力度不够

校企合作的兴起推动着高校与企业在各个方面开展合作，现有最为常见、最易实施的就是由企业人员担任高校的兼职教师。第一，企业人员兼职高校教师，不仅提高了社会地位，还能获得一定的经济收益。第二，高校可以有效利用企业人员丰富的实践经历，提升学校的整体实践水平，弥补高校实践教学的不足以及"双师型"师资的缺乏。但兼职教师的聘用也存在着一些不可避免的问题，比如，在学校实践教学课程中，兼职教师多于本校专职教师；兼职教师在教学态度上欠佳，不如本校专职教师专心；由于兼职教师拥有多重工作身份，在高校实践教学中所投入的精力要少于专职教师；而高校对于兼职教师的考核办法与专职教师基本无异，都是以教师指导日志以及学生实习日志为主，缺乏针对性；高校亦不能科学、合理地对兼职教师工作量进行考核，导致部分兼职教师有空可钻。

（三）高校学生请销假制度较为松散

教学或者实习期间，为了保证正常的教学秩序以及学生的安全，高校都会针对学生的请假事宜制定详细的规则以及责任制度，大多由学生指导教师负责。但在实际的管理中却存在不少问题。比如，部分学生无视请假制度，还有一些学生存在违反规定的现象等。而造成这些问题产生的原因主要有：一是学校人力物力方面的影响；二是指导教师的负责程度以及态度问题；三是部分学生自身认识不到位，对自身不负责。

（四）对指导教师的考核不力

指导教师作为高校实践教学中的重点队伍，其任务十分繁重。他们不仅要管理学生的日常教学，而且要掌握实践教学的经验，还必须具备相应的动手能力。目前，就整体而言，高校教师大多都具备牢固的理论知识，但缺乏过硬的实践能力和与市场需要适应的专业教学能力。校外兼职教师在一定程度上能够为指导教师队伍的建设提供帮助，但对校外兼职教师的管理还存在着不稳定因素。由此可见，构建高校优良的指导教师队伍将更有利于高校实践教学管理水平与教学质量的提升。

高校实践教学检查结果作为学校管理层对于实践教学任课教师和学生评定的重要依据，应充分发挥其作用。对于高校中的教师进行工作考核，往往很难及时反馈。对于高校教师的指导工作评定，应采取有效的措施，对于那些指导工作完成得较好、学生评价较高、实践教学成果突出的教师，应给予物质和精神上的鼓励，通过经验交流会等方式树立典型，发挥示范作用；对于在指导过程中态度不端正的教师，给予一定范围内的通报批评。通过激励和惩罚措施增强指导教师工作的积极性。

（五）评价信息的反馈渠道不畅通

对于实践教学检查而言，监控评价的结果多用于教师的奖金分配、晋升考察等方面。在实践中，高校教师往往忽略了监控评价信息，只注重评价结果对于自身利益的影响。由于缺乏教师对学生以及其他任课教师教学评价信息的反馈，无法全面了解教师能否认真对待所任课程的教学评价，也无法激励教师根据学生以及其他教师的建议措施提升自我技能，更无法准确预测教师在下一教学阶段是否能够有所改进，致使教学监控评价失去了应有的价值。高校实践教学没有形成独立的评价系统，采用同样的教师评价标准，既不符合实践教师的教学特点，也难以衡量教师的教学质量。

三、管理机制层面

近年来，为提高人才培养质量，教育管理部门及高等学校进行了许多改革，但成效甚微。如何建立高校教学质量评价工作的长效机制，亟待从机构设置、制度激励、以人为本、规则意识等方面进行策略性研究。

（一）缺乏完善的质量管理机构

只有机构的层次健全、部门完善，才能在组织上为实行有效的全面质量管理奠定一定的基础。而目前高校的质量管理机构基本可以形成两条主线：一条线主要负责教学质量，由主管教学的副校长、教务处与院主管教学的副院长或者副主任组成；另外一条线主要负责德育，由校党委、校团委以及院系的党总支、分团委组成。这种机构设置的缺点在于：第一，管理机构的设置是分割开的，负责教学质量管理的机构与负责德育的机构各司其职、各自为政，不能形成一个统一的有机体；第二，管理机构的层次不完善，在校长、学院院长和院系主任的层次实际上都是个人负责，由于个人管理与需要处理的事物较为繁杂，容易使质量管理工作流于形式；第三，质量管理机构的组织尚不完善，主要是由各个机构的代表来共同组成管理机构。很显然，这样的机构无法实现全面提高质量的任务。因此，应建立健全质量管理机构。在学校方面，应成立由分管各项工作的校长和党委书记组成的高校质量管理委员会，对全面质量管理工作进行集体领导。同时，在质量管理委员会下设质量管理处，由教务处、科研处、财务处、学生处、后勤部、党委、团委等部门的成员组成。在院系方面，应该设置由教师和学生代表组成的质量管理小组。充分调动各方面的积极性，遵照团队合作精神，主张进行团队管理，每一层次的管理都由集体合作完成，促使管理团队组成有机的整体。

（二）缺乏以人为本的管理机制

现代教育价值观的核心是"以人为本"，它注重个人的主体地位，同时把人的个性发展和人的全面发展相结合，把人的科学精神和人文精神相结合，把社会的发展和个人的发展相结合，培养人的优良品质，形成自我价值观念的行为规范，使之能与21世纪多变的环境相适应，进行创新创业。

以人为本的管理机制本为了培养更好的人才，在培养过程中应提高培养效率，减少不必要的损失和麻烦，加快人才成长速度。但事实上是，以条条框框为基础的管理机制使管理者严格按照要求进行人才培养，并且不会考虑到其他的制度对发展的要求，避免花费更多的时间，这时"为了人"的管理转变成了"人为了"的管理，这种管理方式不利于对人才创新能力的培养。我国高校现在断层化严重，这是由于目前的高校管理层选举机制决定的。大学教师并不可能成为高校的校长，这些管理层大都是由教育部教育厅任命。教育家治校、教授治学是我国教育现状的具体反映，自然而然地，大家就认为应当从治学人中选拔治校人。然而实际情况是，教育家和教授更多的是一种管理阶层中的上下级关系，教育家掌握着管理大权，教授只能在管理者的制度下进行教学活动。细分来说，校级领导的管理权力较大，掌控着整个学校大部分的事务执行方向，而院级及以下的领导阶层只能从大方向上把握自己学院的自主性，不利于学院学生的个性发展。这一系列的高校管理机制不利于激发学生的兴趣，大大降低了下属管理层的积极性，不能有效培养高质量人才。

（三）缺乏统一规则的意识

在我国传统的教育管理体制中，统一规则的意识十分薄弱，不少规章制度都由相关职能部门从自身工作角度考虑，自己制订，缺乏相关部门间的沟通和交流，在管理意识方面缺乏系统观念。由于利益驱使和服务意识的淡薄，加上工作接口缺乏明确的规定，工作中时常会出现接口不明、责任不清、互相推诿的现象，给高校的教育环境带来了负面影响。

整体说来，我国高校教育质量管理缺乏一套系统、科学、规范的管理体系和机制，没有全面、系统、持续地将教育的各个过程以及对其产生影响的可控因素进行有效调控，妨碍了全面提高学校教育质量工作的进行。建立一套全员参与、科学灵活、人人有责、全程实时受控与持续改进的教育质量管理体系和运行机制，是当前我国高校面临的重要任务与使命。

四、管理过程层面

高校教学质量管理要求高校针对实践教学的每一环节都进行管理。但是目前在管理过程层面仍然有许多问题，包括学生的认知实习培育没有落地、制定的实践教学目标与现实不符、自主学习暂时没有形成、校外实践教学监控不到位、高校对学习的动员活动形式化等。

（一）实践教学目标的制订与实际脱离

由于我国教育传统以理论教授为主，所以现在我国高校教育仍然存在这个弊端，轻视对学生实践能力的培养，不利于培养学生动手解决所遇到的问题的能力。

目前我国高校的教育教学的目标没有统一的标准，是由各个学科内部确定并单独上报，缺少专家审核或匹配社会的过程和步骤，极易导致教学目标不切实际。当目标与现实不匹配时，过高的目标会打击教学的自信心，使教学目的无法根本实现，过低的目标则会浪费现有资源，不能对社会发展和人才培养作出应有的贡献。

目标与实际脱离有以下两个原因，首先改革力度不能使教学目标合理规定，不利于人才培养改革；其次没有足够的教师储备队伍来应对飞速发展的教学需求，分配到每个教师身上的任务比较繁重。教师的精力被过多的教学任务分散，以至于不能关注教学以外的事情，比如科研研究和学生素质培养等。实践教学目标偏离实际不利于教学的逐步发展，同时也对实践教学管理的过程造成影响。

（二）高校的学习动员工作形式化

高校是否重视对实践能力的培养直接影响了高校的教学质量。如今学校的学生差距正不断扩大，学生出现两极分化情况，部分学生没有上进心，只想为了学历而上学，以至于在实际学习中不能积极思考，对待学习科研态度潦草，不能使自身的能力水平得到发展。

虽然高校采取了一些措施来提升学生的学习积极性，但成效并不显著。这些措施以动员学生思想为主，主要有：实践前开展思想动员大会，及时介绍实践的作用，引起学生对其的重视；以学院或专业为单位开展全员思想动员大会，介绍实践活动的注意事项、总体目标、规章制度等。这种动员工作往往比较正式，学生对其大多具有敬畏心，不利于拉近和学生的距离，进而无法激发学生的兴趣，使动员大会流于形式。学生受一时的鼓舞不会产生持久的效应，只有对实践活动有了内心的共鸣，才能推动自身全面向好发展。所以，高校应组织有切实效果的多样动员工作。

（三）认知实习工作得不到落实

认知实习的作用是帮助学生了解专业概况和发展目标，促进个人实践能力和自身素养的提升，有利于学生更好地适应社会环境。认知实习作为专业入门教育，可以激发学生对专业的兴趣，提高学生实践的内动力；还可以明确对未来的方向，及早辨别自己与学科的适配性，找到适合自己的专业，有效提升自己的能力。

目前高校规定了认知实习各部门的职责和组织的分工，但是并没有规定认知实习的考核标准，忽视了最为重要的一部分。各个教学部门跟随高校的规定，也同样看重认知实习的组织，对于它开展的目的没有考虑在内，即帮助学生了解专业从而实现学生的自身发展，所以对于教学质量和教学效果的考量也有所欠缺。高校教育的认知实习已经形成了固化，以完成任务为目的的教育居多，缺少重视。

（四）校外实践教学监控不到位

校外实践教学占据了高校实践教学的较大部分，但是校外实践教学的监督却有所欠缺。

部分高校里，学生采取校外实习作为主要的教学实践方式，进行校外实习的学生和教师拥有相对的独立性，能够挣脱校园的约束，监管方式大多采用电话走访，具有相对随意的特点，电话走访这种形式大大增加了信息传递的不确定性，不利于反映真实的情况。学生和企业的合作学习可以高效地使学生成长，但是监管问题突出，存在监管不重视、不到位的情况，这加大了学生实习的风险存在性。

另一方面，大部分高校在教学监督方面没有专业的组织。所以对教学效果和质量的监督经常会有敷衍了事的情况，具体表现为：认知实习流于表面，教师监督和校外活动监督不全面；学生大多进行自主实习而没有规范和制度；学生纪律松散，请假制度不完善；毕业后的去向跟踪困难。

（五）自主实习得不到保障

目前许多高校已经将自主实习当作学校最主要的实习方式，它是指学生充分发挥主体性，自主选择实习单位。

第一，自主实习可以锻炼学生不同的能力，同时也会满足学生不同的需求。例如学生独立完成实习工作，锻炼了交际能力和实践能力；自主选择实习地点有利于学生的生活规划，为不同地方的经济做贡献。

第二，学生自主实习有助于分散学校的压力。在全国高校中能够做到提供大量实习机会的学校寥寥无几，大多数学校不仅不能提供共享实习资源，甚至连自身的实习名额都无法保障。

第三，有一些学生会选择专业不对口的实习，假如跟随学校统一安排的实习，将会没有更多的选择机会，不利于学生拓宽眼界、增加感兴趣的实习经历，所以自主实习可以帮助学生找到自己的兴趣所在。

同时在自主实习的过程中也存在许多问题，比如学校与学生关于实习的沟通问题，倘若学生选择自主实习，学校在与同学的联系上就会有一些局限性，只能通过实习单位来了解学生的实习状况，采取抽查的方式与单位电话沟通。在出现问题时使院系的对应老师负责跟同学进行沟通核实。倘若学生选择校外实习，则依靠学生自觉进行实习实践，唯一可以采用的方式是电话访谈。

核实后容易出现的问题包括：学生实习的情况不属实，经核查后并未在岗；学生依靠家中的关系网进入企业实习，但是虚挂了名头，并没有真正地进行实习工作；出现岗位变动情况但是没有及时上传，加大学校核实的难度。实际情况是学校缺少资源力量，往往会让学生上交实习报告来证明自己的实习经历，这就造成实习监管出现漏洞。

（六）实践教学考核力度不足

高校相对重视理论教学而轻视实践教学，相应地，对于理论教学的考核更加严格专业，有一套独立的评价考核系统，但是实践教学的考核没有自己独立的标准，而是沿用理论考核的方式。一些高校甚至采用笔试试卷的形式进行实践的考核。因为高校没有传达出对实践教学的重视程度，所以学生们也无法感受到实践的重要性，不利于实践教学的开展和学生自身水平的提高。

高校选择固定的考核标准和统一的考核形式不利于学生实践能力的多样性发展。由于专业课不同，其实践方式和能力要求都不尽相同，而且在同一个学科中，不同学段的实践方式也不同。所以不能使用一样的考核形式来把握老师的教学质量、目标的完成情况以及学生实践能力的形成。高校在建立考核标准时应当注意在遵循事物发展规律的基础上，综合考虑实践教学的目标，重视实践教学工作，将监督考核作为必不可少的工作认真对待，有利于为实践教学提出建议。

当前社会在不断发展，给教育工作提出了许多新要求，教育者需要与时俱进、不断创新，所以应当对自己的教育经验及时总结。高校对于教学总结做出了实践，例如定期举办学生座谈会，使学生发表对本段时间的教学建议；召开教师座谈会，促使教师对自己的教学工作做出总结，寻找不足加以改正；不定时检查学生的实习实践报告和老师的指导手册等。高校关于实践教学的侧重点应放在关心学生能否实现实习和实践的系统学习，关心老师能否实现教学目的和教学计划的完整展现。在这当中，对自身的总结也尤为重要，及时地总结可以发现教育中的漏洞并进行改正，应当观察实践教学目标能否和社会人才需求达到统一，实践教学的方法和策略能否科学有效，学生参与教学实践的效果如何等。

五、教师和行政人员层面

教师素质也称为教师专业素质，是指教师能够顺利从事教育活动的基础条件或者基本品质，教师在教学活动中应遵循此素质规范，在处理与他人、与职业、与集体、与社会等的关系时牢记在心。教师素质由八个要素组成，分别是：教师职业理想、教师职业责任、教师职业良心、教师职业态度、教师职业技能、教师职业纪律、教师职业荣誉与教师职业作风，这些要素从不同方面反映着教师职业素质的本质与规律，同时又互相配合，组成一个严谨的教师职业素质结构模式。教师素质主要通过师德、师能两方面体现出来。师德就是教师的职业道德，是指教师和其他教育工作者在从事教育活动中必须遵守的道德规范与行为准则，以及与之相匹配的道德观念、道德情操和道德品质。师能是指教师在教育工作中拥有牢固的理论基础知识、熟练的教学技巧以及旺盛的研究能力，在学生的学习和实践中能给予他们科学的指导，使他们具备真才实学的能力。

（一）高校教师在整体素质方面存在的问题

在当前市场经济快速发展的大背景下，大多数高校教师都能恪守职业道德，表现出优良的师德风范，取得了广大群众的认同以及社会各界的尊重。然而，高校教师的整体素质仍然有待进一步提升。

1. 缺乏育人意识

高校的教学以学科理论知识和专业技能方法的传授为主要任务，因此有些高校教师片面地理解了教书育人的具体内涵，认为只要把课讲好，教学任务就完成了。他们认为思想道德教育是思政老师和班主任的义务，缺乏一定的培养人的意识。所以会出现老师不能考虑到学生的思想道德而造成教学效果大打折扣的现象，教学内容也就无法将其精髓完全显现出来。而且，因为教师不懂得以学生想法为主，会造成学生与老师之间沟通较少的问题，且沟通仅有关于专业知识的话题，不能够对学生的三观、思想、人格等方面做出正确的指导。

2. 缺乏敬业精神，治学不够严谨

有些教师虽然身处教学岗位，但缺乏一定的敬业精神，对学生要求不够严格，关心不足，主要精力并未放在教书育人方面；有些教师上课态度不认真，对教材的钻研不够，知识不能及时更新，对教学方法的研究不够深入，不能够结合学生的特点进行因材施教；有些教师在教学时不懂变通，知识单薄，理解肤浅，方法落后，对于学界一些新的理论观点和新的研究成果没有足够的敏感度，以至于没有办法传授给学生最新的知识；有的教师治学不严谨，学术风气不正，人云亦云，没有创新思维，没有自己的独到见解，教学质量没有保障，对培养学生实践能力的要求不高，敷衍应付。

3. 缺乏基本素养，学术道德较低

有的教师师德不规范，不能够为人师表；学术道德较低，弄虚作假，以教谋私，还有少数人抄袭、剽窃他人学术成果等；有的教师不具有教师应有的教姿教态、言行仪表，甚至无视教师基本的道德规范，把不健康的思想行为灌输给学生，不利于学生健康成长；有的教师对师生间的关系和地位没有一个明确的认知，这会造成师生之间不平等的地位，影响师生的正常沟通和交流，使学生的生活中多与老师进行专业知识探讨，而少有人生哲理沟通，更有甚者在教学中出现无礼行为；有的教师拒绝融入教师集体，不听指挥，依照自己心情进行教学活动；有的教师对他人不尊重，张扬跋扈，完全以自我为中心，对别人指手画脚；有的教师独来独往，对于分配等事物斤斤计较，没有团结合作的意识等。尤其是在人才相对聚集的地方，有发生文人相轻的可能性，即互相之间心思缜密，都瞧不上对方，不想与别人合作完成工作。以上这些都表现了教师合作意识的淡薄，既不利于教师自己的成长，也不利于学生的全面发展，同时还会影响学校、专业的发展速度。

4. 缺乏创新能力，知识更新缓慢

高等院校由于长期采用传统的教学模式，导致人才的使用条块分割、相互封闭，从而使知识的更新速度缓慢，阻碍了学术的交流，使知识形成了单一化的格局，部分教师知识陈旧，知识面狭窄，缺乏创新意识。此外，传统的高等教育缺乏必要的竞争，管理体制与信息获取手段较为落后，学术环境相对封闭，许多教师的创新能力不足，参与科研的意识淡薄，科研能力较差，不能通过自主研究将本专业的知识运用到实际的教学中，使教学活动的形式极为单调。

（二）高校行政管理人员的素质状况

大学行政人员的素质状况从整体上看是良好的。他们有着强烈的事业心，遵纪守法，为人处事比较谨慎，乐于学习，积极进取。但随着社会主义市场经济的进一步发展、高校教育的发展壮大，高校不仅要应对市场竞争带来的冲击，还要应对人事、分配制度的改革。高校行政人员在思想上产生了困惑，道德水平出现滑坡，呈现出各种各样的状况。

目前，高校行政人员存在的问题主要如下。

1. 道德意识薄弱

有些行政人员道德修养意识薄弱，浮躁不安，不甘于寂寞，注重名利，好大喜功，太过注重个人得失，不懂得厚积薄发，不能做到多思慎行，急功近利的现象严重；不具备脚踏实地、求真务实的工作作风；看重待遇和地位，注重形式，唯独不做出奉献。

2. 工作不专一

行政人员的工作在有些情况下确实不能够得到认可。高校的行政工作事务繁杂，通常是忙碌而无利，辛苦而无名，每天都有许多头绪纷乱的事务需要处理。虽然拥有同等的学历和资历，付出的劳动比一般教师要多，得到的报酬却远远不如普通教师。这使行政人员的心理产生不平衡，思想出现浮动，工作不专一，缺乏创新精神。

3. 职业素质不高

高校后勤社会化是我国高校教育发展的必然趋势，也是加快我国教育发展的必由之路。现有的管理运行方式与以往有着较大差异，比如学生宿舍公寓化，宿舍日益成为学生工作的重要场所，然而长期以来宿舍管理人员素质不高、层次偏低，不能够胜任管理的角色。这种情况大大削弱了宿舍作为学生工作重要载体的作用和价值的发挥。

4. 信息素质偏低

信息素质是人类素质的一部分，是人类社会的信息意识、信息知识、接受教育、环境因素影响等相互作用而形成的一种基本的、稳定的、内在个性的心理品质。面临知识经济以及信息社会的新挑战，高校的重要行政管理人员必须要具备良好的信息素养。信息素质的体现被人们总结为四个方面：网络素质、传统获取知识的素质、媒体素质、计算机素质。这四个方面是高校行政人员所需要具备的重要素质。目前高校的行政人员仍然不能熟练地利用互联网进行信息的获取，网络素质、计算机素质相对较低。当前高校行政人员的信息素质和信息时代的要求差距较大，信息意识不强，对信息作用的认识不足，对信息的了解不够充分，缺乏追踪最新科技成果的动力，不能及时地捕捉相关信息，被动接受信息的依赖性较强。同时，由于所拥有的信息技术与信息手段不够先进，使得他们在信息获取方面还存在着诸多问题。

六、教学质量评价层面

教学质量评价即高校根据相应的教育目标与教育价值观，针对教学中的学习进程与课堂变化所进行的价值评判过程。

（一）评价制度缺乏灵活性

在我国的高等教育中，对学生的评价制度较为简单，采用统一和硬性的标准测量，在包容度和灵活度上有所欠缺。大学里的等级考试会令学生自顾不暇。例如对于英语来说，学生为了通过英语的等级考试，会花费大量时间在英语学习上，但是有些学生的兴趣和特长并不在英语学科上，这就不利于他们在别的学科中进行自己的学习和思考。分数和考试仍是对学生主要的考核评价标准，采用闭卷笔试的形式，以分数排名为唯一参考标准，极大制约了学生的自主创造力，甚至失去对学习的兴趣和激情。科研成果的多少是对教师的参考标准，许多教师只重视参与科研而忽视教学任务，并且不注重科研质量只看重科研数量，这就会出现一种急功近利的不良风气。需要明确的是，教师对学术进行研究并不能只为了追求名利和薪资，应该以改善教学活动为主要目标，接触新思想，创新教学内容和方式，给学生带来新的专业知识的补充，从而开发了教师的创新能力，推动了学术研究进程，提升了学术研究质量。

对评价制度的关注涉及社会对大学的评价、学校对教师的评价两方面。就社会评估组织与教育行政主管部门来说，不能以传统的知识质量观来衡量处于新的历史时期的研究型大学创新人才的培养，不能以教学型大学的质量尺度来衡量研究型大学的教学质量，也不能以职业技术教育所要求的大学生就业率来衡量高校精英教育的人才培养质量。而学校对教师的评价主要存在两个问题，首先是教学质量观的转变问题，其次是从不可评价或者难以评价向可评价转变的问题。由于高校创新人才的质量呈现具有一定的滞后性，学校对教师的评价具有较大的难度，学校对教师教学行为的评价既不能搞一刀切，也不能放任自流。与此同时，还应从学生感知与投入的角度对教学过程进行评价；从学生各种有效学习活动的程度来呈现高校的教学质量。

（二）学生的评价体系

学生的评价体系可以从知识与技能、过程与方法及情感态度价值观等多个方面入手，这一体系是学生评价的重要考量标准，即可以看作是人才培养目标的具体措施，展现了高校对于人才培养的态度和看法，学生评价可以指引学生前进的方向，及时发现成长中的不足，帮助学生向积极健康的方向发展。高校的人才培养总目标必须要有具体的学生评价体系，但是目前在社会进行创新人才培养的大环境下，许多高校实施的学生评价体系仍然有一些不足。

1. 学生评价目的与评价功能的异化

学生评价在现在出现了功能异化的问题，它本是帮助学生认清现实、寻找目标、促进个人发展的功能，但是如今我国高校却使用学生评价系统来选拔人才，具体表现为将学生通过评价系统进行分级，利用分级结果来进行评优评先、毕业审核、奖学金发放、就业推荐等，评价系统失去了它原有的意义，成为优胜劣汰的考核性工具，继续维护着学校的精英教育。利用这种方式选拔出来的人才往往只是考试的附属品，不能代表其有优良的品格和健全的身心，学生的身心健康没有得到全面发展，也不能形成个人所具有的独特的个性，造成了分数为大的畸形社会现象。相应地，评价体系的实行过程中重视学习知识忽视发展能力，重视结果评优忽视过程努力，重视维护外在忽视建设内在，重视完成学业忽视塑造人格，这些无不打击着学生对学习的积极性和主动性，使其不得不按照标准发展学习而不能培养自己的兴趣所在，长此以往，这会使学生的人格得不到全面发展。甚至还有一些学生在评价体系中被称作"差生"，大大打击了学生的自尊心和自信心，使其不但对学习失去兴趣，而且会对个人的发展和社会的和谐造成不利影响。

2. 评价内容的片面性以及评价方式的机械化

现在许多高校使用的评价体系是"综合素质评价"，主要分为德、智、体、美等几个方面，即同时对学生的思想品德、政治倾向、学业成绩、身体素质等方面进行全面考察。采用这种综合素质评价可以对所有在校生进行评价，具有普适性，能够对学生多方面的情况进行了解和把握，但有一点不足的是，它具有一定的刻板性和片面性，这表现为虽然它可以从整体上来对学生进行全面评价，但是对于新时代的创新型人才培养来说显得有些捉襟见肘。从内容设定来说，学校存在多种多样的专业类型，其评价内容不能一概而论，评价模式也不尽相同，学科与学科之间存在着差异。而使用综合素质评价时，其中没有呈现出针对众多学科或领域的普适评价标准，缺少创新评价机制，例如评价新时代创新学生是否有勇于探索的精神、坚韧不拔的意志和独立自主的品格，是否具有对应的人生观、世界观和价值观，除此之外，在高素质人才培养中也应注意学生的团队合作能力、知识反思能力和坚持学习能力的培养，这是一个创新型人才所要具备的显性素质。

高校所采用的评价方式大多为测量评价，它在学生的评价体系中起主导作用，力求用客观科学的标准对学生的发展成果进行测量，但常常会出现与实际现象相悖的情况。举个例子，纸笔测试是大家最熟悉的学习结果评价方式，它考查学生的知识掌握情况，能否将其呈现出来就反映了学生对其的熟悉程度，但是存在一个忽视考查学生分析能力的弊端，对于问题的解决能力无法从单一的纸笔测试中看出，对学生的创新性和思辨性没有起到积极的推动作用。另外一种经常出现在评价体系中的评价方式是"基本分加减分"，这种方式虽实行起来简单有效，但它的统一性尺标不利于学生个性的发展，在当今社会所需要的创新型人才的背景下，显得格格不入。

3. 一味追求评价过程的简单化与评价结果的终结化

许多高校仍然将辅导员或任课教师当作学生评价的主要实施者，让他们对于学生的课堂表现和期末成绩进行打分评价。这样的评价方式有许多不足，教师在评价过程中没有明确的规则，往往随心而发，主要依据学生的考勤和考试结果进行评价，不能对每一个学生进行富有针对性的评价，忽视了学生的个性表现、创新能力，对于新问题的出现，常常忽略学生发现问题、分析问题和解决问题的能力。

第二章　新时代高校人才培养模式

本章为新时代高校人才培养模式，内容为人才培养模式内涵与类型、我国高校人才培养模式分析、国外高校人才培养模式分析、新时代我国高校人才培养模式探索。

第一节　人才培养模式内涵与类型

一、人才培养模式内涵

在界定"人才培养模式"的内涵之前，需要了解"模式""人才培养"和"人才培养模式的特点"，以保证概念的科学性和客观性。

我们需要了解，在古代汉语中，"模"的意思是"法"，《说文解字》中对"模"的解释是："模，法也。"[1]"法"就是指使用其他的工具、模具或方法来制作用品。古时由于制作材料有所不同，所以又将"模"分成了四种类别，《中文大辞典》描述道："以木曰模，以金曰溶，以土曰型，以竹曰范，皆法也。"[2]汉语在时间的长河中不断发展，"模"这一字在"法"的内涵基础上又引申了一些别的意义。《词源》中写道，"模"的意义有三：其一模型、规范；其二模范、偕式；其三模仿、效法[3]。所以，从词性角度来说，"模"既可以是名词又可以是动词；从词义角度来说，"模"能够形容物品创造的方法，也能够指成为标准的一些事物，但总的来说是强调事物的型、范或式，也就是结构。"式"指代样式、形式。

《现代汉语词典》（第7版）把"模式"解释为，某种事物的标准形式或使人可以照着做的标准样式[4]。《辞海》中"模式"的概念是，可以作为范本、模本、变本的式样[5]。综合二者对"模式"一词的理解来看，"模式"一词有两个方面的

---

[1]　（东汉）许慎.说文解字[M].北京：中国书店，2017.07.
[2]　中文大辞典编纂委员会编纂.中文大辞典[M].中国文化研究所印行，1982.
[3]　广东、广西、湖南、河南辞源修订组，商务印书馆编辑部编.词源第3册[M].北京：商务印书馆，1981.
[4]　中国社会科学院语言研究所词典编辑室.现代汉语词典[M].北京：商务印书馆，2016.09.
[5]　辞海编辑委员会编.辞海1979年版缩印本[M].上海：上海辞书出版社，1989.08.

意义：其一是样式或模型，比较侧重于事物的结构；其二是操作标准或方法，意思是可以使人遵照一定的标准进行复制或模仿。在软科学中，"模式"即根据具体的思想指导，由若干因素组成，构造出来的对事物的创造和进行具有实践指导功能和形态构造功能的理论模型与操作式样，其特征是具有可效仿性。模式属于过程范畴，并不能被简单地归于目的与结果范畴或内容与形式范畴。

人才培养模式的建立可以从四个方面着手。

（1）培养目标。应以培养复合型人才为主，注意对人才的创新创造力的培养，使高校学生可以进行自主研究、独立思考。

（2）合理规划学生的知识结构。高校人才应对自身的学科知识掌握牢固，拥有开阔的视野，可以利用脑中现有的知识结构解决问题。

（3）合理划分人才结构，依据社会现实调整为"宝塔形"这种所需要的结构，合理分配专科生、本科生、研究生（硕士生和博士生）之间的比例。

（4）学会利用人才需求预测，对学科专业做到设置合理，构建布局合理、门类齐全的学科专业体系，合理把控招生比例，为提供社会需要的人才服务。

之后，在高等教育的背景和环境下，人才培养必须解决七大问题：一是教育理念的确立；二是人才培养目标的设定；三是人才培养对象的选择；四是人才培养主体的开发；五是人才培养途径的选择；六是人才培养过程的优化；七是人才培养制度的保障。所以对于人才培养体系来说，它由七个要素组成，分别是理念、目标、客体、主体、途径、模式及制度。教育理念的含义是依据某种教育思想观念，对教育活动的活动原则、职能任务、目标价值和基本属性的构成理解，同时又指人才培养的目标要求和在此目标下诞生的一些具体观念。确立教育理念可以回答一些残留问题例如"如何培养人才""培养什么样的人才""为谁培养人才"等。教育理念有自己的层级划分，从主体角度来说，有国家教育理念、高校教育理念和教师教育理念三个层次，国家教育理念作为所有高校对人才培养的总方针，对于许多领域都作出了自己的想象，比如教育活动的价值取向、基本属性、系统结构、功能目标、财政投入、领导机制以及管理体制等，对我国的教育发展有重要的指导意义；高校教育理念和教师教育理念是对人才培养目标的具体表现，主要包括人才培养理念，注重教学观、质量观、管理观、科研观、学生观和评价观的确立。人才的培养目标就是教育理念的具体表现，即"培养什么样的人才"，它对人才所具备的品格、能力、知识等都提出了要求，表明了它的适用方向。而培养主体是人才培养的统领者，主要包括计划的组织者、设计者、管理者和实施者等，即"由谁培养"。具体表现为，高校的人才培养过程里，设计者是高校，组织者是院、系、所，实施者是导师和教师，管理者是教学管理人员。相较于培养主体来说，培养客体作为它的对立面而存在，是人才培养的作用对象，即"培养谁"。在高校人才培养活动中，培养客体就是大学生。大学生同时又作为自身的培养主体而存在，具有双重身份特征，大学生可以接受学校人才培育的各项活动和计划，同时对于自身的人格形成有一定的把握，需要通过消化吸收来形成自己的品格内涵。培养途径就是高校人才培养中所采取的方法，即"通过什么方式"或"借助什么载体"，常用的培养途径有试验实践、学术交流和课程教学等。培养模式又称培养过程，是进行培养目标的重要组成部分，即"按照什么样子"，包括教学使用什么方式、课程怎样安排、考试方法是什么以及导师指导内容等，灵活对以上内容进行组合，可以达到对培养模式的合理建构，侧重点是实践过程和认识过程中的形态展现。

人才培养模式主要围绕主体和客体、权利和义务的关系来进行，它作为高校人才培养的规范制度和活动保障发挥着重要的作用，针对"用哪些制度来保障人才培养"问题做出回答。人才培养制度也有狭义和广义的区别，从狭义角度来讲，它是人才培养过程的中观体现和微观体现，侧重于体系建设、程序规定，与大学的教学、教育活动过程息息相关，由专业与课程设置制度、分流制度、导师制度、学分与选课制度、实习实践制度、学术交流制度、教学管理制度、评价制度等构成；而从广义角度来讲，它是人才培养过程中的全面体现，由招生制度、考试选拔制度、科研制度、教学制度、管理制度、评价制度、就业制度、奖励制度等构成。各式各样的制度构成了相应的制度网和制度链，进一步形成现代大学制度体系。不论是广义还是狭义的人才培养制度，都位于大学制度中的核心。

接着，人才培养模式作为人才培养系统中最重要的要素系统而存在。通过前文的论述，可以得出，人才培养模式虽与人才培养系统不是一个等同的概念，它们虽有联系却也相互区别。在人才培养系统中，主要包括七大要素：理念、目标、主体、对象、途径、模式及制度。所以人才培养系统包括人才培养模式，并且人才培养模式作为最重要的人才培养系统中的子系统而存在。我国高等教育人才培养在当前的社会发展趋势下呈现出稳定向好的趋势，其中相对明了稳定的要素是人才培养主体和人才培养客体，在主客体之间已经达成了培养目标的认同，都向创新型人才发展。在培养创新型人才的过程中，培养途径的确定较为容易，培养制度的改革和培养模式的创新较为困难。同时应确定合适的人才培养模式，多多关注学生不同的个性，尊重学生的主体地位，满足学生的学习需求，在专业设置和课程设置方面依据实际情况而定，采用合理的教学方法，搭配灵活有效的课程评价机制，坚持以人为本的教育理念，使教学成果达到最大化。构建人才培养模式需要全方位考虑到这些方面，才能从根本上与其他模式区分开来。所以，人才培养模式才被称为人才培养系统中最重要的子系统，它充满活力、复杂多变，有良好的培养效果。

最后，人才培养模式既有普遍性又有特殊性。它属于模式的大范畴，具有一般模式所拥有的特点，包括可仿效性、实践操作的模范性和理论与实践的中介性等，但同时作为一个特殊的模式种类存在，又具有别的模式所没有的一些特点，即合规律性、目的性、开放性、主体性、多样性和保障性。合规律性是指人才培养模式必须遵循一定的事物发展规律，包括内适规律、外适规律和个适规律，意思是人才培养模式需要考虑高等教育自身的文化、结构、功能，需要顾及社会发展的要求，需要体现大学生的个性发展；目的性是指人才培养模式有自身的培养目标，要使人才的社会性和个性相配合；开放性是指人才培养模式需要秉持开放的态度和方法，走出封闭的学校，走向整个社会，与不断发展变革的时代相适应；主体性是指认清人才培养模式的主体是个人，不同的环节也存在着不同的主体，应当充分发挥主体的指导作用，做到以人为本；多样性是指人才培养模式具有不同的选择，采用什么样的模式需要参考个人不同的性格特征和能力特长，另外多变的社会结构不断对人才提出着新要求，高校本身的教育结构就具有多维性，这些都决定了人才培养模式的多样性。

因此，人才培养模式可以概括为培养主体根据具体的培养制度和培养理念，以培养制定的人才形式为目标，使用许多相关的理论模式和实践方法，形成了具有系统性、目的性、中介性、开放性、多样性与可仿效性等特征。其中要注意分清人才培养和人才培养模式，二者是不相同的两个概念，人才培养包括确定教育理念、设立培养目标、明晰培养主体、选择实施对象、制订培养路径、设计培养过程、保障制度七个方面。在国家层面，目前的教育人才培养系统已经有了理念和目标上的统一，允许高校在保证国家标准的大前提下，自行对人才培养系统进行适合自身特色的改革。在人才培养系统中，主体和客体作为稳定要素不太可能发生变革，培养模式作为子系统具有多样性，可以进行适当的改变。所以，如今的高校人才培养系统中重点部分是人才培养模式的创新，可以通过创新教学方法、设置合理的课程体系等来提高学生学习满意度，这些途径可以有效提升教学质量，契合人才培养模式的创造性和多变性的特点。

二、人才培养模式类型

（一）跨学科人才培养模式

1.跨学科人才的内涵

"跨学科"诞生于1926年的美国哥伦比亚大学，是由著名心理学家伍德沃思最早提出的。跨学科涉及两种及以上的学科，模糊学科间的边界，同时具备教育行为和研究行为的活动，在学科领域方面，分别对社会科学、人文科学、自然科学进行研究和交叉，在这个过程中也会出现三者渗透的情况。跨学科是一种动态的教研行为，开展的是多学科的交叉研究和教学。从基础的学术思想到全面的程序、方法、学术观点，它是两种学科间的相互联系和相互作用。

对于什么是跨学科人才，学界尚未形成统一的观点。但是依据我国高校的目前状况，跨学科人才应定义为经由特殊的教育模式培养出来，拥有广博的知识面和宽厚的基础理论，大体能够拥有两门或两门以上专业技能和知识，富有创新精神和跨学科意识的人才[1]。但是于绥贞的观点是："跨学科人才是通过一定的教育模式培养出来的具有深厚理论基础、掌握多门学科知识、精通多种技术、善于运用创新思维、对多门学科领域产生浓厚的兴趣并取得交叉性科学研究成果的人才。[2]"所以，跨学科人才极具创新力和创造力，他们更能适应社会和科技的发展，更能预测未来的发展趋势。正是因为有多样的学科种类，跨学科人才的知识结构才具有多样性；正是因为学科间存在网状交叉结构，跨学科人才知识结构才具有宽广性和复杂性。

---

① 娄延常.跨学科人才培养模式的多样性与理性选择 [J].武汉大学学报（人文科学版），2004（02）：232-236.
② 于绥贞.面向21世纪培养跨学科人才 [J].科技管理研究，2000（03）：1-5.

跨学科人才有两个主要的特征。第一，跨学科人才具有多维的知识架构和优秀的思维品质。由于跨学科人才吸收了多种学科的知识，所以他们对于知识的认知有着多维度和立体性的特点，并且智能品质也具有"杂交优势"。具有独特的知识结构的跨学科人才对科技发展有更加全面的认识；在能力结构上，他们的层次、要素和结构序列较为复杂；在知识思维上，他们具有灵活的目光和敏锐的反应，可以快速地捕捉到新生事物的发展态势，并且对于出现的问题可以较好地分析和解决。第二，跨学科人才具有群体合作意识。他们在遇到问题时会寻求不同领域人才的帮助，形成合作共赢、团结互助的局面，既可以丰富自己的知识储备，又能够开阔团队的视野。

2.跨学科人才培养模式的内涵

高校人才培养模式即高等学校作为培养主体，考虑政治、经济和科学技术发展的需要，同时兼顾自身的办学条件，以具体的教育思想为指导，对人才的培养体系、培养目标、培养制度、培养过程的系统组合形式的简单概述。它的定义表示出了三方面内容：第一，专业规格和人才培养目标，以及学生在素质、能力以及知识等方面要达到的基本要求，学校的定位，多样化的指导方法等；第二，课程体系和教育内容，包括课内与课外、理论与实践、课程结构和教学计划以及基础与专业的教学内容等方面；第三，教学和管理方法，包括教学组织、教学制度、教师队伍与结构、教学方法及教育资源配置、教学评估、办学指导思想等。通过以上定义的阐述，不难总结出，跨学科人才培养模式即高等学校依据自身的办学条件和社会发展需要，对目标群体即具有广博知识面和宽厚理论基础的跨学科人才所设计的完整的培养体系、培养目标、培养制度、培养过程的有机组合形式。

现在，有五种跨学科人才的培养模式，即主副修模式、双学位模式、综合性试验班模式、通识型模式、跨学科学位模式。不同的模式可以使大学生进行不同的选择。而对于人才培养来说，丰富人才培养模式是进行改革的重要因素。

3.跨学科人才培养模式的重要性

跨学科人才培养是现在高等教育发展和改革的普遍趋势，它有利于学生个体的全面发展，推动了社会科技的进步，已经在教育综合化的背景下占据一片天地。此培养模式的确立将会带来教育的大变革，它对学科的交叉综合发展有了更高的要求，推动了高校教育的改革，促进国民经济的发展。跨学科人才培养模式可以帮助大学培养更优秀的人才，为培养过程提供科学可靠的实施方式。人才在不同学科的发展可以沟通学科间的观点，产生思维的碰撞。据统计，诺贝尔奖获得者大部分曾经都涉猎过不同学科。

（二）复合型人才培养模式

1. 复合型人才的内涵

所谓"复合"，即用两种或两种以上不同事物进行合成。复合型人才的内涵就是同时富有两个（或两个以上，但一般是两个）专业（或学科）的基本技能和基本知识的人才。一般情况下，可以将复合型人才分为三类：跨一级学科复合型人才和跨二级学科复合型人才以及以一个专业为主、兼有多门学科知识的复合型人才。复合型人才既有人才的一般特点，又独具特征。

第一，综合素质高。一般来说，复合型人才在多方面的素质都比较高，例如心理素质、生理素质、社会文化素质等，除此之外，综合能力的素质也比较高，例如情商和智商的综合能力，而且，在某一方面的能力突出，例如创新创造能力和活跃的思维想象力；他们擅长将外在的社会经验、规范、知识转化为内在的品质。

第二，智能结构好。复合型人才在智能结构上也比较优秀，他们善于整合多种智能，使它们互相配合、合理优化，达到全新的智能运用效果，使各种知识进行有机结合。这样的综合性智能结构是专才和通才都不能达到的，它不但拥有广博的知识，而且拥有精深的才能。

第三，思维活跃。复合型人才有着多样的思维，包括非线性型、多维型、发散型等。他们兴趣广泛，多使用不同的思维考虑问题，对事情的本质和规律有着自己独到的看法。

第四，善于抓关键。复合型人才能够在触类旁通中对事物进行比较分析，从而准确找到问题的关键所在，并利用自己的知识网络找到新事物与旧事物间的联系。

第五，社会适应力强。复合型人才在社会的不同活动中可以展现出不同的对待方式，极具灵活性，可以帮助他们更快速地适应社会，尤其是在工商管理、计算机机电等交叉学科中，表现更为明显。

2. 复合型人才培养模式的内涵

复合型人才培养模式是我国特有的人才培养模式，它参考了国外优秀的人才培养模式，按照复合型人才的素质、能力和知识结构的特点，根据各个高校自身的情况合理设计，形成了"宽、厚、多、高"的人才培养模式。"宽"指口径宽，即人才的适应能力强、就业机会多、专业知识面广；"厚"指基础厚，即人才的基本技能较扎实、基础知识较宽厚；"多"指方向多，即专业方向面广，同时设计两个及以上学科领域，能担任不止一种任务；"高"指素质高，即思想道德境界高、科学文化素质水平高，在心理、身体和智力方面均有较高水平。复合型人才培养模式的形成必须以人才培养模式构成的各个要素为基础。其中高校对复合型人才培养模式做出了具体实践，双学位和辅修是其呈现的最终成果。辅修即学生研习本专业的主修课程时，选择修读别的专业课程，只要可以达到辅修培养计划的具体要求，研习者便可得到辅修的专业证书。双学位指在不同学科门类中修读不同的专业，并且能够同时达到这两个专业授予学士学位条件的，即可获得双学士学位资格。它们二者的培养目的与知识复合型人才不谋而合，作为主要教育模式对培养复合型人才有着重要作用。

3. 复合型人才培养模式的重要性

复合型人才在当下的时代显得越来越重要，知识付费时代和科技的飞速发展打破了社会原有的平衡，知识和信息成为如今最重要的构成因素，如何快速生产、传播信息成为当今时代的经济密码。同时职业更具有流动性、知识更新周期更短，使得社会对人才的要求更高、需求更多，这时复合型人才就具有不可比拟的优势。

首先，我国传统高等教育思想观念急需变革，复合型人才培养模式是最好的选择模式。中华人民共和国成立后，我国首先采用的是专才教育模式；经过了改革开放的浪潮，通才教育思想从美、日、英等地传入我国，得到一定程度的重视；在 20 世纪 80 年代的中后期，开始出现"通专结合"的想法，复合型人才模式逐步登上历史舞台。在理论的范围里，专才教育和通才教育是一个木板的两端，二者的方向跨度比较广，在人才培养系统和人才思想上都较为封闭，复合型人才将这两种教育融合在一起，借鉴二者中的可取之处，达到了两种思想的相互借鉴和碰撞。复合型人才培养的出现使专才教育与通才教育不再对立，为人才培养模式提供了新鲜血液，带来了教育史上珍贵的变革。站在实践的立场来说，高校的人才培养目标在不断变化，由重知识发展为重能力继续发展为重素质，这个变化轨迹就是教育模式向本质靠近的发展过程。所以，若想对我国高等教育的思想进行改革，需要以素质教育为基础，抓住教育的价值重点即知识、能力、素质齐头并进，着手打造复合型人才培养模式。

其次，面对科学技术的飞速发展，我国高等教育需要使用复合型人才培养模式来增强应对能力。如今信息时代的到来促使学科之间相互交流，学科与学科的界限逐渐模糊，这一现象大大增加了复合型人才的需求。新兴学科崛起，人才更需有全面的能力和超然的素质，可以从多个维度思考问题，寻找到不同的解决方案，创造出新颖的专业价值，做到从整体到部分地对事物进行考量。总的来说，以后的人才需要掌握多种学科的知识技能，可以跨学科进行科学研究，在工作中做到综合发展，成为复合型人才。所以，改变保守的、僵化的、过时的人才培养模式和观念，以复合型人才培养模式为主要结构，培养出一定的能从事跨专业工作、具有复合型技能和知识的高素质人才，有利于高等教育适应现代科技，同时可以促进社会主义的现代化进程。

（三）应用型人才培养模式

1. 应用型人才的内涵

应用型人才并没有一个固定的解释或说法，在不同的领域有不同的定义。

在哲学领域里，学者将人才分成两大类，即应用型人才和学术型人才。应用型人才以具体理论作为指导，以社会需要作为依据，通过实践的方式把学术理论变现，生产出产品构型或者是具体构思，同时将生产出来的新理论和新方法投入到问题解决的过程中，给社会带来直接的经济效益。另一种人才是学术型人才，他们以研究学术理论为主要任务，从事相关的科研工作，许多领域的新理论、新概念就是由学术型人才产出的，他们在社会中也有不可或缺的重要地位。二者相互联系却又不尽相同，这表现在：学术型人才负责发现事物间的运行规律并创造新理论，应用型人才在发现的理论基础上进行实践活动，将理论转化为实物。从内容构成角度说，学术型人才的知识较为基础，是各科基础科学的体现，比如语言学、化学和物理等；而应用型人才的知识储备则多为实践性的理论知识，偏重于应用科学。从活动目的角度说，学术型人才致力于发现事物之间的联系，找到世界运行的普遍规律，脱离社会实际情况；而应用型人才以服务社会为最终目的，虽使用原理原则，但并不偏重理论探究，而是利用他们为自己的社会实践服务，创造出直接价值。总的来说，学术型和应用型的人才各不相同但相互连接，均在自己的领域中发挥着重要的作用。对于人才分类的划分，世界并没有太多的争议，但是高校大多将人才培养默认为应用型人才培养，这种培养模式不仅显得匮乏单一，而且笼统没有针对性，不能培养学生的个性品格，针对现实问题的合理解决不能起到实际有效的指导意义。

从掌握和运用知识的程度来考虑，人才有四个具体类型，即工程型、学术型、技能型和技术型。工程型的代表是设计师、工程师等，这种人才的主要任务就是将对应的理论知识和技术基础通过自己的实践，创造出图纸和设计方案。学术型的代表是理论研究和科学研究工作者，他们偏重于理论探索和发现，寻找到世界运行的普遍规律，为自然和人类发展奠定理论基础。技能型人才担任生产实践的工作，他们拥有熟练的操作水平，可以准确地将图纸、方案和设计生产出来，形成不同的产品。技术型的主要代表是农艺师、技术员等，他们负责把图纸变成现实，从多个方面参与设计的转化活动，包括经营决策、生产现场的管理、产品的开发等任务。在以上四个类型的人才中，工程型人才、技能型人才和技术型人才都在应用型人才的范畴内。

因此，一项工作的完成进度可以归纳为发现规律、创新知识到转化为应用再到生产实践的几个部分，在这之中发挥作用的人才可以划分为学术型人才、应用型人才和技能型人才。学术型人才主要负责理论的研究与创造；应用型人才利用理论知识对现实进行改造，贯穿于实践活动的始终，生产出直接的效益；技能型人才更擅长使用操作能力熟练达到目的。

人才分类只是按照某一个标准进行的归纳总结，他们不是完全孤立的，而是存在着相通的部分。技能型人才不但要具备熟练的操作技能，还需要掌握一定的理论知识。学术型人才不能只追求理论，也需要参加社会实践活动，把握社会现实。

应用型人才的划分是在技能型人才和学术型人才相对比的基础上而来的，在高校对于人才的培养中，应用型人才又可以细分为各种类型的人才。从本质上来说，应用型人才是一个桥梁和支柱，能够将理论和现实相连。这就要求应用型人才更应具备扎实的理论基础，拥有灵活的头脑和整合的能力，创造出系统科学的方法来运用到实践当中去。应用型人才更注重学生的创造力和开发力，以应用为重点任务，培养出高素质的综合性人才。

2. 应用型人才培养模式的内涵

应用型人才培养模式在培养过程中强调实践和理论同等重要，把个人能力作为教学评价的取向，它将特定的教育思想和教育理论作为引导，将培养应用型人才当作人才培养目标，将社会的需求作为组织专业和建设学科的考量标准，课程体系的构建以应用为主导。具有四个具体的要求如下。

（1）以应用为核心。应用型人才最终的培养目的就是可以进行现实应用，需要以岗位需求和职业要求为参考标准，培养学生的知识技能，这就是技能型人才和学术型人才的不同。在课程的内容设置方面，注重对学生动手实践能力的塑造，评价体系也应与实践相匹配。

（2）以需求为导向。社会中的职业需要和学科需要决定了应用型人才的培养方向，做到促进社会经济发展、人民生活繁荣稳定，所以人才培养应注重长期性和实用性，以社会的可持续发展作为考虑因素，促进中国持续向好发展。

（3）以能力为取向。应用型人才的最终目的是要为社会服务，这对于人才有着较高的能力要求。所以在课程设置方面教授理论知识的同时，也要重视对学生各种能力的塑造，包括动手能力、知识掌握和应用能力、社会适应能力、解决实际问题的能力、自我发展的能力以及交际能力等等。在教学评价中应当加入能力评价作为评价的其中一个指标。

（四）跨学科复合型应用人才培养模式

1. 跨学科复合型应用人才培养模式的内涵

跨学科即模糊学科之间的边界，将各类学科通过有机的联系组合在一起，为问题解决提供新思路。跨学科复合型应用人才培养是指培养具有两个或者两个以上非相关专业或学科的基础知识，从事本学科或与本学科相近的临近专业和交叉学科，使其参加与社会实践密切相关的工作，合理将现有的理论原理融合到社会服务之中，培育出可以创造出社会价值和财富的可行性人才。而跨学科复合型人才以传统的人才培养为参考，将多个学科的资源整合起来，即高等学校根据社会的需求以及自身的办学条件，为跨学科复合型人才的培养创作出完整的培养制度、培养过程、培养目标的系列组合形式。

2.跨学科复合型应用人才培养模式的特征

（1）跨学科复合型应用人才培养模式更具应用性。在传统的人才教育中，培养出具体领域的专一人才是主要的培养目标，它以学科的内容、结构、发展规律为主要参考部分，对人才的知识培养向纵深处发展。而复合型应用人才与传统人才培养方式完全不同，它着眼于知识的宽度和广度，从教会学生知识转向教会学生学习，强调学生的自主学习性，发现专业的普遍规律和特殊规律。这种新的培养人才模式以一个学科专业为出发点，在它的相关学科之间寻找联系和矛盾，从而勾勒出系统的知识网络，运用这些知识全面解决问题。从世界角度来说，跨学科研究是以多学科为背景，以解决问题为需要，跨学科教育和跨学科研究是跨学科的两大支柱，跨学科教育主要在应用性和专业性角度来培养人才。这从侧面表明了人才培养主要为了解决现实中遇到的问题，或者为已存在的问题提出一些可行建议，这是建设人才的根本目的。而且，跨学科复合型人才的培养在高校中与在基础教育中的标准也不同，基础教育大多采用综合素质考察学生的德智体美的发展，更多是通识教育的展现；而在高校中，高素质人才具有实际性，是为了切实可行地解决问题而进行的人才培养，注重创新和科学研究，学术性较强，具有一定的可操作性。

（2）跨学科复合型应用人才培养模式更具开放性。由于现实社会需要能解决问题的高质量人才，所以跨学科复合型应用人才培养应在开放的系统进行。要想解决一个问题，必须从与以往解决路径不同的新道路进行探究，所以在培养复合型人才时，需要根据实际情况对其他学科领域的知识进行删减或补充。需要注意的是，研究一个问题时，切忌从单一角度入手考察事物的特性，最好多方面利用不同学科的知识进行解决。比如要想解决环境污染问题，既要考虑到相关学科像化学、物理、环境学、法学、生物学等，还要想到远距离的学科，比如人口学、心理学、伦理学等，只有它们之间相互联系，才能达到问题的最优解。这个例子证明复合型人才的培养需要有开放的态度和全面的思考，对不同学科的可取之处兼收并蓄，同时依据事物的发展状况进行恰当调整。

（3）跨学科复合型应用人才培养模式更具互动性。如今高等教育学生的基本职能之一就是知识创新和知识传播，知识创新随着研究领域的加深而发展。而跨学科复合型应用人才培养模式可以帮助学生对所学的知识进行创新与传播，从而做到学生职能的实现。这种人才培养模式比较生动活泼，不同于传统的教师讲课学生听课，它的课堂相对来说具有思辨性、互动性和开放性，能够结合多种不同的教学方式来增加它的趣味性。在这个过程中，老师进行研究性教学，学生则进行探究性学习，老师和学生共同成长、共同进步，二者在课堂中更多的是相互尊重、相互理解的平等地位。并且跨学科复合型应用人才培养模式在自由的课堂风格的影响下，课堂的重心不再是教师的教，更多地会移向师生的沟通交流，若这时再采用单一的教师为主的授课方式，则会将课堂变得死气沉沉并且缺少沟通，不利于学生的思考和学科的创新发展。在现在的想法中，学生已经不单纯是知识的接受者，他们的身份也发生了改变，变成了学科的建构者、发现者，最值得一提的是，他们应当在实践的基础上学习知识。

（4）跨学科复合型应用人才培养模式更具群体性。参与跨学科复合型应用人才培养模式的研究员对于研究的条件不一样，他们拥有着不同的领域、不同的学科、不同的院系，因此跨学科复合型应用人才培养模式是集体合作的结果。科学拥有一个集中、分散、再集中的发展历程。而学科发展20世纪后半期则是从渗透交叉走向综合的一个整体趋势。这是因为学科有其自身的发展逻辑，并且世界在当下的交汇贯通使得问题往往具有相通性，它需要不同地区、不同专业的知识来共同探讨解决。这些问题的解决必须依赖多学科的思考，使其得到全面剖析。世界上存在许多在多个领域都有重大成果的优秀人物，他们是跨学科学习的标杆，但是并不是人人都可以做到这种地步，这就要求我们在自己所能的情况下，打破自己所在的学科边界，超越自我的成就，学会使用集体的思路和方案解决问题，这正是跨学科复合型人才的培养模式。在跨学科培养的过程中，学生和老师并不属于同一个研究领域，他们对某一问题进行自己独特视角的分析，从而提供不同的思维方式，为问题解决提供灵感。使用这种方法，不仅可以对自身所处的学科领域进行创新，又可以在不同学科的交流中摩擦出新的火花，使学科之间不再是简单相加，而产生大于二的效果。

（5）跨学科复合型应用人才培养模式更具综合性。跨学科复合型应用人才培养模式是对整体科学知识的发展的考量，它以学科结构为基础，专注于在现实中的使用方式。科学研究注重概念的拆解，将完整的定义拆分为多个单独的组成因素，然后将这些不同的构成要素重新形成不同的子集，将其作为研究的基本单位，有利于丰富此专业的构成结构和知识内涵。与科学研究不同的是，现代社会的发展要求更多的全能人才，所以高校的教育培育中应当注重培养跨学科复合型应用人才。其中不同学科的交叉与学习是复合型人才培养的基础，以一个领域为定点可以更好地了解这一专业的内涵、背景、发展方向等，将此作为边界来对其进行深入考究会发现它具有别的专业的特点和属性。所以假如对那些与自己的研究领域看起来毫无交集的专业领域有忽视之嫌，就无法完整解析自己学科领域的特殊现象和属性的构成要素。

第二节　我国高校人才培养模式分析

一、我国高校人才培养模式的发展历程

我们都知道，"以知识经济为主导"是 21 世纪的时代特点。而在 21 世纪这样的知识经济时代中，人力资源所发挥的作用、具有的价值也逐渐凸显出来。高校是对现代人才进行培育的基地，肩上背负着民族振兴、国家发展的重大责任使命，因而就当前来说，最为紧迫的课题之一，就是对高校人才培养模式进行研究。想要对我国人才培养基本规律进行研究，我们就要认真细致地梳理我国在人才培养方面的历史发展情况，对其发展脉络进行深入了解。

在清末和民国时期，中国教育急剧变化，传统教育渐渐开始瓦解，甚至开始崩溃，在人们持续探索与实践的过程中，萌生了具有蓬勃生机的现代教育。京师大学堂是我国第一个近代意义上的大学，从其建立至今，高校人才培养模式经历了如下三个大的历史发展阶段。

（一）从清末到民国时期的通才培养模式

具体来说，清末是我国新教育的诞生时期。1904 年，在中国有着两千年历史的儒学教育体制因癸卯学制的颁布而宣告终结。不过，由于癸卯学制是清王朝颁布的，因而其封建性十分浓厚。而辛亥革命之后，我国教育现代化进程才真正开启，开始实施民主化改革。民国南京临时政府废除清朝的教育宗旨，对新的教育宗旨予以确立，即"注重道德教育，以实利教育、军国民教育辅之，更以美感教育完成其道德"，壬子学制也因此形成，其奠定了我国教育现代化、民主化的基础，也开启了随后一系列改革。

在"五四"新文化运动中，科学、民主思想得到进一步传播，而民国政府也将科学教育、民主主义教育作为中心，对教育制度、教育方法、教育内容等方面提出全新要求，同时也针对这些方面实施一系列改革举措，为教育领域全面改革的进行提供强大助推动力。

清末的京师大学堂是北京大学的前身，自民国建立初期一直到1917年，北京大学迈进新阶段，开始全新的改制发展。在当时的大学改制中，北京大学也是模范典型，对全国高等教育的发展与革新起到促进作用。

第一，北京大学将新的办学宗旨进行明确与树立，转变学生"读书就是为了做官"的陈旧观念。北京大学各项事务都由蔡元培进行主持，他最先提出的就是要对办学宗旨进行革新，将学术研究的新风树立于校内。蔡元培在北京大学内将各种研究会建立起来，反对堕落，强调人人奋争，鼓励各种有益课外活动的开展，对那些低级腐败的坏习惯进行抵制，在校内营造敬爱师友的新风正气，对靠师求官的歪风邪气予以扭转，还将一支高水平的教师队伍建立起来。蔡元培最先以文科为切入点，对其进行大力整顿，对热心教学、富有学识的学者进行聘任，同时，蔡元培对人才非常重视，将一批不称职的中外教员辞退。尽管其中有一些法籍、英籍的教员很有背景，但也在被辞退之列。北京大学经过这样一番整顿，最终留下的教授共90余人，他们的平均年龄仅为30余岁。一支优秀的教师队伍，能够使北京大学内充满蓬勃朝气，同时也在开展社会民主活动和校内改革过程中发挥着至关重要的作用。

第二，对学校管理体制进行改革。北京大学设立评议会，由评议会对学校重大事务做出决定；在教授和各科学长中开展选举活动，从而确定评议员，每年都要进行一次选举。评议会对废立学科进行决定，对教师的职衔和学生的成绩进行审核，对学校的预算、决算费用予以提出。评议会将行政会议设立为全校最高行政机构与执行机关。一般来说，行政会议会实施评议会决定的事项，掌握全校行政大权。行政会议的成员也都是教授，其组成于各专门委员会的总务长、教务长、委员长。北京大学内设有总务处和教务处。总务处负责对全校财政、人事进行管理，教务处则对全校教学进行统一管理。同时，北京大学还以"系"替代"门"，通过教授互选的方式确定系主任，各系中还有教授会，负责对本系教学工作进行规划。

第三，对课程设置、学科设置进行改革。一方面，对学科设置进行调整，实施选修制和学分制，从课程设置角度来看，原来各系设立的课程都被划入必修课范畴；另一方面，对学习、应用外语予以高度重视，还将旁听生制度设立起来，让社会上那些因为种种原因无法上大学却又十分渴求知识的青年能够有机会学习，获得知识，同时，还对学术民主、思想自由进行大力提倡。

（二）20 世纪中晚期的专才培养模式

中国历史在中华人民共和国成立后掀开新的篇章，而对于我国高等教育事业而言，也迈入了崭新发展阶段。中华人民共和国成立后，中国高等教育对指导方针进行确定，即"面向大众、面向工农"，将新型的学校教育体系建立起来，对多方面开展改革，如管理、教育、教学、课程等，同时将群众性的社会教育大力开展起来。1952 年，我国政府对私立高等学校进行接办，将其改为公立学校，同时分配高等学校学生毕业后的工作。调整后的人才培养模式，属于专才培养，具有十分浓厚的苏联特色。专科学校、专门学院和大学都属于高等学校范畴。各高校以对通识知识的讲授为基础，在学生中开展专业教育，将其培养成为掌握高级专门知识的建设人才，以期为国家贡献更多力量。专科学校与专门学院、大学的修业年限有所不同，前者为两到三年，后者为三到五年。专门学院和大学还增设有研究生部，本科学生毕业后可继续深造，修业年限为两年及以上，它们配合于中国科学院与其他研究机构，将科研人才和师资培养出来。

从课程改革方面看，我国认为，业务课中应纳入政治课，并且要尽量让专门教师对政治课进行讲授，在讲授过程中，要对系统理论知识进行侧重，对学生存在的思想问题进行集中解决。

在改革业务课时，重点是对理论联系实际进行强调，同时，其改革应当与当前建设需求相契合，将那些不必需的课程、重复的课程删除，对各种学科的衔接、相互联系予以强化，有计划地对学生进行组织，使其参观企业，同时将该内容列为教学重要组成部分。

在 20 世纪中晚期，教学改革以对苏联教学模式的全面移植为突出倾向，直到后来才有所调整，得到些许改革。而在改革之后，计划经济体制中也囊括了高等教育，这也成为发展社会主义教育的基础。不过，我们也要看到其中所存在的问题，特别是对职业教育予以轻忽的问题。在当时，职业教育在人们心中是资本主义国家才有的，所以只对技术教育予以重视，对职业教育并未提及。

（三）20世纪90年代以来的通专结合模式

《中共中央关于教育体制改革的决定》颁布于1985年，首次将"教育体制改革的根本目的是提高民族素质，多出人才，出好人才"这一理念提出，《中共中央国务院关于深化教育改革，全面推进素质教育的决定》出台于1999年，其非常明确地提出，实施素质教育，就是对党的教育方针进行全面贯彻，要将对国民素质的提高作为根本宗旨，将重点放在对学生实践能力、创新精神的培养上，造就"有理想、有道德、有文化、有纪律"的、德智体美劳等全面发展的社会主义事业建设者和接班人。素质教育的根本宗旨是对国民素质的提高，其体现的理论如下：人民群众是创造历史的根本动力理论、人的全面发展理论以及马克思主义以人为本理论。对我国教育发展前景路径予以指明，标志着我国高等教育向前发展，来到了崭新阶段。

选拔式的精英教育从古代起就是我国学校教育主体。步入近代之后，特别是在国家颁布、实施了《中华人民共和国义务教育法》后，我国教育得到了转变，且转变速度不断加快。其后，我国高等教育开始扩招，朝着大众化教育快速迈进，开始对新的人才培养模式进行探索，即以素质教育为导向，将专业教育结合通识教育。大批高校不仅注重培养专业人才，更以此为基础，对专业之间的融通、课程之间的衔接予以重视，将通识教育在课程中所占比例逐渐增加，对知识的扩展性、人才能力的全面性进行侧重，在培养人文素质方面进行更多投入。此外，高校更加灵活地改革学制，广泛应用学分制、选修制。其培养重点不再立足于社会属性，而是渐渐向个人价值、个人发展回归。基于这些举措，我国也不再单纯学习苏联与西方的高等教育人才培养模式，而是开始自我探索，一步步走出一条具有中国特色、符合中国国情的发展之路。

（四）大学人才培养模式的多元化阶段

在高校人才培养模式经过以上发展历程后，我国反思弊端、重新出发，重新调整、改革高等教育人才培养模式，使之开始步入高级阶段。所谓高级阶段，其实也可以被称为多元化阶段。我国高等教育改革在多元化阶段中同步于经济改革。

自 20 世纪末至今，我国国内部分高等学校在长期探索、积极实践之后，一方面得出了一些高效可行的人才培养模式，一方面仍在努力对更为创新、更加行之有效的人才培养模式进行探索。

二、我国高校人才培养模式现状

（一）北京大学"元培计划"

为培养一批在国际上拥有较强竞争能力，能够与 21 世纪新时代发展需要相适应的新人才，北京大学实施了"元培计划"。"元培计划"，从名字中我们就可以看出，其是以蔡元培先生的名字命名的"加强基础，淡化专业，因材施教，分流培养"的本科教育改革计划。"元培计划"提出在大学阶段低年级实行通识教育、在高年级实行宽口径专业教育的人才培养模式，这样做的主要目的有二，其一是想让通识教育服务于专业教育，学生接受通识教育，相当于上了"预科"，打下了坚实的知识基础，从而在接受专业教育时取得更好成效；其二是让学生在接受通识教育后，能够更好地从整体上认识人类文明，防止出现狭隘专业化教育的情况，如此，让通识教育并非成为专业教育的依附，而是真正独立出来，实现二者分段而至。"元培计划"管理委员会成立于 2001 年 9 月，其功能主要有如下两方面：其一，对全北大校园范围内的大学教学改革进行推进；其二，通过实践，探索"元培计划"实验班如何更好开办。6 年后，北京大学正式成立了北京大学元培学院。

"元培计划"有着灵活的人才培养模式，将更自由、更广阔的发展空间带给学生。其一，对于低年级学生而言，不对其进行专业划分，主要让他们接受通识教育；其二，在设置专业、设置课程的过程中，主要对课程之间的交叉、学科之间的关联进行注重，学生的选课不一定局限于本学科内，可以凭借自己的兴趣爱好对其他学科的课程进行选择，甚至可以选择其他学院开设的课程。在开展"元培计划"的过程中，北京大学还从师资力量上给予支持，对优秀教师进行配置。"元培计划"中，学生处于主体地位，如学生可以从自身情况出发，对自己毕业时间进行选择，既可以选择推迟毕业，也可以选择提前毕业，十分自由。再如，从学习方式上看，学生主要采用的是自主学习方式。学校并未要求同年级学生必须在一起住宿，而是对不同年级学生混住进行鼓励，希望学生之间能够增强交流与沟通。从 2001 年起，一直到 2011 年，共有 11 届学生，1809 人就读于元培学院。元培学院中对导师委员会、教学委员会进行设立，其中有 50 名包含专职导师在内的各学科导师，8 名课外导师；元培学院中还设有学生工作办公室、导师工作办公室、行政办公室和教学办公室。教育部在 2009 年将元培学院纳入首批"国家创新人才培养之改革计划实验区"，元培学院也得到了国家级优秀教学成果一等奖、北京市优秀教学成果特等奖等荣誉。

（二）清华大学"清华学堂人才培养计划"

随着科技与经济发展速度愈发增快，社会也愈发提高了对人才的要求，在深刻认识到上述情况后，清华大学将"清华学堂人才培养计划"（以下简称"学堂计划"）提出。

清华大学在进行全方位调研之后，对一些有着较高水平的专业进行增设，并在全国范围内"广纳贤才"，对优秀的高中毕业生进行招收，在多方面对其进行支持，如配置优秀的师资队伍、提供丰富的教育资源等。清华学堂对培养方式的创新与改革予以重视，旨在将学生培养为具有较强学术能力与扎实科研能力的杰出人才，使其成为各学科领域的领军人物，积极参与国际合作。

清华大学内，最具代表性的建筑就是清华学堂，而其正是"学堂计划"的教学地点。清华大学还专门对具有国际视野的专家学者进行聘请，使其负责教学、管理学生以及制订学生培养方案。清华学堂学术氛围、科研氛围都十分浓厚，定期开展高水平学术讲座，采用项目形式对课程进行开展，同时坚持因材施教，通过小组讨论，对学生的科研能力进行培养。清华学堂还与国际知名大学合作，定期在高校之间对学生进行交换培养，从而使学生的国际视野更加开阔。

2011 年 4 月 11 日，清华学堂外隆重举行了"学堂计划"的全面启动仪式。在启动仪式的致辞中，清华大学校长顾秉林对"优势转化理念"以及"领跑者理念"进行阐述，它们是"学堂计划"中的两个核心理念。所谓优势转化理念，就是积极、主动地将多方面办学优势（如优良的传统、优质的生源、国际交流、一流的师资、前沿性科研、综合性学科等）优先进行转化，使其成为人才培养质量的优势；而所谓领跑者理念，就是让优秀学生成为"领跑者"，最大限度地发挥其示范、引领作用，从而在各院系、各学科培养拔尖创新人才上进行带动，最终从整体上提升清华大学人才培养质量。

新雅书院是 2014 年清华大学为探索高校教育改革创新而特设的住宿制文理学院，在入学时，学院先不对大一新生进行专业划分，而是先对其开展小班通识教育（主要涉及社会科学、数理、人文等），等学生经过一年时间学习后，再自由地对清华大学中除临床医学等个别专业外的各专业方向进行选择，当然，学生也可以选择交叉学科发展。在教育改革之路上，毫不夸张地说，新雅学院是走在前列的，它顺应部分文理的潮流，让学生先去探索、培养自己的兴趣，再来选择未来要走的方向。

（三）南京大学"大理科培养模式"

南京大学在培养基础学科拔尖人才方面，有其自身独特优势。南京大学有着门类齐全的基础学科，且实力非常雄厚。凭借于此，南京大学起步很早，对基础学科拔尖人才培养计划进行制订，从而开创出"大理科培养模式"。

1989 年 9 月 9 日，经国家教育委员会批准，在先前"少年部"的基础上，南京大学成立了基础学科教学强化部（以下简称"强化部"）进行成立。对于当时来说，在全国范围内可谓首创之举。南京大学之所以成立强化部，主要是为了对基础学科进行保护。因为在 20 世纪 80 年代末，由于经济体制转轨，人们对应用类、经济类专业很是推崇，相对应的，在高等学校中，理科教育的发展就面临很大的危机与困难。强化部的主要目标就是对南京大学所具有的优势（雄厚的师资力量、齐全的基础学科）进行发挥，将高层次基础学科教学后备人才与研究人才培养出来，输送给国家。

国家于 1993 年批准强化部为"理科基础科学研究和教学人才培养基地"，在理科基地中，强化部是全国第一个且唯一一个跨专业、多学科的综合点。同样是 1993 年，强化部的"基础性人才培养基地建设"荣获国家级教学成果一等奖。专家们纷纷高度评价强化部的人才培养实践活动，认为其立足于国内对高质量人才的培养，走出了一条具有独创性的成功之路。我们之所以将强化部的教学改革实践称为"大理科培养模式"，主要是因为其具有"强调宽厚的基础、注意科学研究训练、实行多次选择"的特征，也有人用"以重点学科为依托，按学科群打基础，按一级学科方向分流，贯通本科和研究生教育"对这一特征进行概括。具体来说，就是强化部对南京大学所拥有的国家重点实验室以及国家重点学科进行依托，依照学科群对课程进行设置。当学生步入三年级时，其从学生特长、兴趣出发，向一级学科方向对学生进行分流。而当学生步入第四学年，走向毕业后，可以通过"推免"方式，使大部分学生在本校或外校攻读研究生。

（四）武汉大学"跨学科人才培养计划"

武汉大学于 2001 年提出了"跨学科人才培养计划"，这一计划的主要目的是对具有创造能力、创新能力以及创业能力的跨学科人才进行培养。学校为了进一步对学科相融互通予以促进，更好地对创新人才进行培养，将专业方向、学科设置进行调整，同时将跨学科课程（如中法临床医学、国学、中西比较哲学、世界历史、文科等）予以增设。2011 年，武汉大学对博士研究生跨学培养进行探索，在第一次选拔过程中，武汉大学采取的模式为博士生以及项目导师团队统一进行答辩。选拔结束后，入选者为 7 名博士以及 7 个团队。在入选之后，武汉大学还会对博士生进行中期评估、考核，从而强化动态管理。在此期间，可以对博士生数量进行临时补充，从而更好地对导师团队建设进行适应。当博士生学习完毕准备毕业的时候，要在毕业证、学位证上备注好自己参加过的跨学科研究项目。部分博士生还可以取得双博士学位。

总的来看，尽管当前我国在培养跨学科人才方面积累了一些经验，也取得了部分成就，不过，我们仍然要意识到其中存在的问题，特别是我国跨学科人才培养受到教育体制的制约以及缺乏相关经验，仍旧存在很多亟待解决的难题，如缺乏投入经费、缺乏足够稳定的教师队伍、缺乏多元化的人才培养模式、专业跨度没有理想跨度等，这些都对提高我国跨学科人才培养质量造成制约。

三、我国高校人才培养模式存在的问题

从 20 世纪 80 年代至今，尽管我国在调整教育政策、改革教育制度方面有着一定进展，然而就创新人才培养方式、提升教育价值、教育品质等方面来看，仍旧有很多问题亟待解决。

（一）培养目标与社会需求脱节

现如今，无论是我国的就业结构还是我国的产业结构，都正处于重大变化之中，因此也对人才产生了多样化需求。然而，和培养目标的调整相比，我国高等教育的课程体系、教学内容、专业结构存在严重滞后的问题，所以很多学生在从

高校毕业之后，无法适应社会发展的需要。在社会需求和高校人才培养之间，始终存在着掉链问题、脱节问题，而这一问题的产生，原因之一就是很多高校缺乏招生、培养、就业一体化观念。自从高校开始扩招，部分学校无论是课程设置还是培养目标，抑或是毕业生期望值上，都脱节于现实社会。有很多用人单位提出，现如今，大学没能进行合理的课程设置。对于大学生就业而言，不合理的课程设置是一大重要影响因素。

高校人才培养目标脱节于社会需要，表现为如下四方面：首先，在培养大学生方面，缺乏明确、清晰的目标；其次，面对市场需求的变化，高校缺乏较快的反应速度、较强的反应能力；再次，相对于市场需求来说，无论从发展水平还是发展速度上来看，大学师资队伍的发展都较为落后；最后，部分高校中，缺乏高素质、职业化、专业化的就业机构服务人员，这些服务人员能力不强，无法胜任职业指导、职业生涯规划等工作。除此之外，还存在一个非常现实的问题，那就是学校各方未能凝聚在一起、形成合力对就业予以促进。尽管高等院校内有着健全的机构，各部门也有着分工明确的职责，可是这也导致了只有学校就业部门负责大学生就业工作，其余部门则没有行动、无所作为，这种"单打独斗"的情况，对大学生就业空间形成束缚，没能帮助其向外拓展，自然也会对大学生就业造成影响。

现如今，我国高等教育已经不再是过去的"精英教育"，而向着大众教育转变。对于高等教育来说，其目标也不再是以对高级人才的培养为主，而是向着对高级、中级、初级人才以及技能型人才的培养转变，对各级各类高素质的劳动者进行培育。所以，高等学院要对自身的定位重新进行考虑，要将重心进一步降低，更多地着眼于基层，着眼于乡镇、农村，着眼于生产第一线，将各行各业的建设者培育而出。但是我们不得不意识到，现实中，很多大学将研究型高校当作自己的定位，认为自己是要对学术型人才及精英进行培养。就目前来说，将教育培养与人才需求相适应的有效机制建立起来是一项亟待解决的问题。对于大学而言，就是不仅要对理论知识进行传授，还要从市场需求与变化出发，对实践类课程有针对性地进行增设。除此之外，尽管国家包办的毕业分配被取消，但国家仍然统一控制着大部分大学的招生"入口"，而如今，上述招生模式正逐渐显露出其问题所在。由于招生"入口"较为狭窄，导致大学人才培养模式渐渐"千人一面"，缺乏多样性。同时，由于人才培养成本过于高昂，大学价值下滑得十分迅速。在这种背景下，国家分别于 2010 年 6 月、7 月出台了《国家中长期人才发展规划纲要（2010—2020 年）》与《国家中长期教育改革和发展规划纲要（2010—2020 年）》。《国家中长期教育改革和发展规划纲要（2010—2020 年）》明确提出，到 2020 年，基本实现教育现代化，基本形成学习型社会，进入人力资源强国行列。其将一个"信号"十分鲜明地展现出来，那就是国家将改革大学的"入口"与"出口"，将招生与考试从程序上、工作模式上、体制上、制度上予以区分。对于招生来说，考试成绩属于一种参考，具体还是由高等学校对人才进行自主选择。国家出台的一系列政策，不仅是为高等学校解除制约，更对高校工作中"低效"问题予以解决，这是最为重要的。

（二）专业与课程设置不合理

通识教育对培养"全人"予以重视，所涉及的内容包括人的思维方式和"如何做人"；而专业教育则直面有着高度分工的现实社会，这种选择是不得已而必须进行的。我国往往会在本科阶段对专业教育进行强调，而国外则有所不同，其往往在研究生阶段对学生进行专业教育。因此，我国和外国的人才培养模式属于两种不同的体系，其一对培养学术型人才予以重视，其二对培养应用型人才予以重视。对于传统大学而言，对人才的培养往往按学科进行，对知识的创新与精神进行强调。由于我国社会工业化程度持续提升，因而社会也越来越迫切地需求着应用型人才。对于任何高等院校而言，都要对课程体系进行合理的、严密的设计，从而提高学生的思维能力、知识水平，提升他们的专业技能，使其能够在经过严谨的学习后，拥有真才实学，能够适应社会、改造社会。然而，现如今，高等院校在课程设置、专业设置方面，受到很大非议，用人单位、教师、学生等都对此表示出很大的不满。

具体来看，在专业设置、课程设置、学时设置等方面，高等院校都存在很多欠缺，表现出很多问题。例如，在设置课程时存在很严重的重复现象，在专业课的划分上过于细致，在所有课程中专业必修课占据太高的课时比例，选修课课时较为不足等。上述问题，将对学生综合素质的培养产生不利影响，也将阻碍学生形成自主学习的习惯。部分高校在改革课程设置时也存在问题，其改革是盲目的，不过是简单地对课程门数或者每门课程的课时数进行增加，而没能从实质上对课程设置做出改编，没能对课程设置与市场需求之间存在的关系进行重视，不仅没能实现改革目的，反而增加了课程之间重复交叉内容，使得学生内心对课程产生厌烦情绪，原本对学习的兴趣也被消耗殆尽。此外，各门课程之间一味地强调自身的完整性、系统性，忽视了学科与学科之间的融合与交叉，这些都会导致学生缺乏人文素养，出现就业口径过窄等问题。

上述种种不足将大学生就业难的深层次问题反映而出。在就业市场，人才供需的结构性矛盾，正是高校毕业生的主要问题，也就是同时存在着"过剩"与"短缺"。尽管每年都有大批大批的毕业生"毕业即失业"，无法踏入工作岗位，可也有很多企业存在"职位空缺"，怎么也找不到自己所需求的人才。从中不难看出，和企业对人才的需求相比，高校培养出的学生尚存在着较大差距。这正反映出，在课程内容安排、专业设置、培养目标等方面，高校存在严重脱节于社会的问题。在就业率方面，尤其是综合性大学本科毕业生存在连年下滑的问题，人文社会科学类毕业生在人才市场上处于"滞销"状态，这也使得高校在培养人才服务社会中的重要作用遭受质疑。

现如今，经济社会不断发展，科学技术日新月异，社会也正在迅速进行转型，在上述大环境、大背景下，高等教育所面临的挑战是巨大的，更是前所未有的。高校应当以社会需求为导向，对自身的专业设置进行全面调整，对学科内容予以完善，对教育教学模式进行持续改进，将科学的评价体系以及教育培养目标建立起来，从而充分体现高等教育培养人才服务社会的功能。当前，一些高等职业技术院校在培育人才时采取订单式培养模式，同时在设置专业、建设课程内容时邀请用人单位共同进行，这些举措都是创造性的，其他类型的大学应当对此进行借鉴与学习。

当然，我们也知道，相较于职业技术学校，综合性大学有着不同的分工，在培养人才时，应当对学生的全面发展予以注重，既培养能力，又培育素质，实现并重并举。综合性大学的基本职责是培育出与社会需求相符合的高素质人才，所以，在学科发展上，综合性大学必须坚持"理工渗透、文理结合"，不仅要对学生的全面发展予以重视，对学生的综合素质予以提升，也要发挥综合性大学本身的优势特点，对学生专业技能加以培养，让学生在提升素质的同时发展能力，保证二者相得益彰。

近年来，部分综合性大学进行如下探索，即在大一及大二不对学生进行专业或学科方面的划分，对文理工的界限进行淡化，这些探索在学生综合素质提升方面是大有裨益的。

除此之外，对于高等教育阶段来说，大学只是一个开始，并且很多大学生在毕业后选择的职业和其大学四年所学专业没有多么紧密的关联。从这方面来看，学生应对"厚基础、宽口径"的专业进行选择，从而更好地适应社会发展需要。高校应当意识到，对学生综合素质与能力的提升，重要程度远甚于专业知识的传授。

现如今，社会不断向前迈步，科技发展也日新月异，在教学改革与实践方面，在对学生实践能力、创新精神的培养方面，一些国外的一流高校取得了一定的成功经验，我们可以对其进行借鉴。

其一，从课程设置方面看，其呈现出综合化趋势，也呈现出跨学科发展趋势。国外研究型大学不仅对重大项目联合攻关以及跨学科合作研究予以高度重视，还对综合性专业以及相关课程的设置非常注重，以使得学生创新思维得到提升、综合能力不断增强。

其二，在对课程进行设置时，对创造力与开拓精神的培养进行优先考虑。就算一门课程的讲授者是教授，也不会在传授知识方面过于强调，而是会在帮助学生学会学习、懂得研究方面下大功夫。

其三，对实践环节予以高度重视。例如，美国的麻省理工学院实施了本科研究导向计划、本科实践导向计划与技术创业计划三项计划。第一项本科研究导向计划，即教授对学生进行指导，使其开展部分研究实验，这项计划能够将70%~80%本科生囊括其中；第二项本科实践导向计划，学校联合企业，对学生进行组织，使其在某项设计、工程中参与实践，这项计划大约有30%本科生参与；第三项技术创业计划，这项计划参与者为少数优秀学生，在参与计划过程中，学生大胆进行探索与创新，学校甚至允许学生创办公司。四年累积下来，上述课外实践的总学时约为全部课时的1/3。

（三）重科学轻人文，重继承轻创新

人文素质教育和科学素质教育之间的关系是辩证的，从知识层面来看，人文知识与科学知识彼此互补；从精神层面来看，人文精神则与科学精神相辅相成；

而从行为层面来看，人文行为则与科学行为彼此促进。人文知识与科学知识的共同积累、融会贯通，是提高大学生综合素质的基础。人文精神与科学精神的共同彰显与相生相长，是培育大学生内在精神的基础。人文行为与科学行为的综合平衡与彼此互促，是塑造大学生规范行为的基础。

无论是中国人类教育发展史还是西方人类教育发展史，人文教育都是最先受到重视的。不过，步入 19 世纪中叶后，科学技术得到进一步发展，工业化也向前推进，在实用主义、科学主义的引导下，职业技术教育与专业教育渐渐盖过传统的人文教育。迅猛发展的科学技术可谓威力巨大，其对人类社会的发展、进步起到推动作用，也使得人们更加推崇科学教育价值。尽管人文教育曾经颇为辉煌，此时也只能被人们冷落，备受贬低与压抑。

不过，到了 20 世纪中叶，世界各国都开始对人文素质教育的强化予以重视，在人才培养方面力争实现全面发展。因此，在 21 世纪，最全面发展的人将是最成功的劳动者。

受到传统教育模式影响，通常来讲，我国人文知识是分离于科学知识的，这也导致产生如下问题：文科大学生普遍对人文知识予以注重，而轻忽了理工知识，理工科大学生普遍对理工知识予以注重，而轻忽了人文知识。现如今，我国大学教育中存在一系列问题：轻素质、重功利，轻基础、重专业，轻个性、重共性，轻人文、重理工。尽管用人单位对员工的人品非常看重，然而对于部分学校、教师乃至大学生自身而言，都对这点不够重视。"一所大学应该有它的主旋律"，这是华中理工大学前校长杨叔子提出的命题。那么，大学的主旋律应该是什么呢？对于高等院校而言，育人，也就是对学生进行培养，毫无疑问是其主旋律。无论是发展技术产业、开展科研活动、进行教学实践，甚至包括学校后勤工作在内，都是以对学生进行培养为首要问题。那么，育人这一大学主旋律有着怎样的特色呢？其实就是对中国大学生进行培养，使其服务于国家与社会。因此，我国高等院校不能只注重对学生现代科学技术的培育，如果学生对现代科学技术有着很好的掌握，然而却并不了解自己的国家与民族以及优秀文化遗产，必然不会对国家与民族有多么深厚的感情，就不会投身于为国家与民族的服务与奉献之中。

杨叔子针对创新与继承的问题，有过这样一段发人深省的话："大学的主旋律就是育人，将学生当作人来培养，不是当器具琢磨，不仅仅是做事而且要会做人，要有人的旺盛灵性，而且还要有人的高尚人性。中国大学是培养中国大学生，当然培养留学生是另外一回事，我说中国的学生，首先是要为中国服务，中国学生的标志不在于是不是黄种人，是不是炎黄子孙，更重要的是能不能服务于中国，这是非常重要的。一个民族的概念，主要不是基因的概念，而是民族文化的概念，而是人文的概念。李铁映讲过一句话，文化是一个民族的身份证，如果没有这个身份证，那成了什么人，那就是'黑户口'，这是一个种族，不是民族。因此培养中国学生，一要服务于中国，有爱国主义，有民族的情结；因为同时是大学生，不是中学生，不仅仅是学习文化、继承文化、应用文化、传播文化，而且还要能够创造文化、创造知识，如果不创造，怎么谈先进、发展？因此培养中国大学生，第一是中国的，服务于中国，而且第二会创新，能开拓创新。"①

在这里，有一点是我们应当强调的，那就是由于自主创新的缺乏，大学生以及大学教师都没能对"创新"维度有着较高的认可。尽管我国属于制造大国，但是却没能拥有足够多的自主知识产权技术，对国外技术始终有着较高的依存度。然而当我们把目光投向发达国家，如日本、美国等，它们则有着相当低的对外技术依存度。西方国家对高技术领域进行划分，将其主要分为以下几方面，包括软科学技术、信息科学技术、环境科学技术、能源科学技术、材料科学技术、生命科学技术、海洋科学技术、空间科学技术。在国家综合国力的竞争中，上述科学技术都将成为"利器"。如果我们仅仅对先进科技成果进行引进或购买，依赖于此是绝对不可行的，而可行之路只有一条，那就是自己进行科技创新，依赖于我国自身的科技创新。而归根结底，想要真正实现科技创新，最为重要的就是人才，是大批具有高素质及创新能力的人才。高校是科学技术人才的重要生产基地，因此，其除了要对传承理论知识予以注重，还要对学生进行引导，使其不断追求科技领域的研究与创新。然而从目前来看，在校大学生中只有很少一部分能拥有参与教师科研项目的机会，也只有很少一部分能接受教师指导，参与科学研究。

第三节　国外高校人才培养模式分析

现代社会发展十分迅速，新科技革命不断向前推进，大学，特别是一流大学，

---

① 财经网．杨叔子：大学之道在育人而非制器 [EB/OL].https://news.sina.com.cn/pl/2010-03-18/092619889682.shtml，2010.3

通过对高级专门人才进行培养，在对各国社会发展进步的推进方面，所扮演的角色日益重要。在培养创新拔尖人才方面，相较于国外一流大学，我国所存在的差距较大。国外一流大学的人才培养模式呈现出个性化、特色化的特点，我们应当对其进行认真研究分析并加以借鉴。

一、国外高校人才培养模式分析

（一）哈佛大学人才培养模式

提到世界一流大学，很多人脑海中第一时间跳出来的名字就是"哈佛大学"。哈佛大学有着卓越的研究水平以及崇高的学术声誉，针对人才培养方面，其也同样取得了突出成就。对于我国大学来说，对哈佛大学人才培养模式的特点进行探析，对其成功经验进行借鉴，在人才培养模式创新、人才培养质量提升方面有着不容忽视的作用价值。

1.哈佛大学教育发展

很多人应该都听过这样一句话，"先有哈佛，后有美国"。

哈佛大学建立于 1636 年，迄今为止，已有数百年历史。尽管哈佛在最初只是一所乡间学校，学生数量也寥寥无几，然而如今已成为世界一流学府，常年为世界大学之冠。哈佛大学有着辉煌的发展历史，通过对这段历史进行全方位、深层次的审视，我们可以看到，在办学方面，哈佛大学采用了一系列重大举措，都具有里程碑意义，起到风向标作用，是名副其实的"一流大学领跑者"。

我们可以用四个阶段对哈佛大学的大学教育发展进行划分。分别为初创期、探索期、跃进期以及深化期。

1636—1780 年为哈佛大学初创期，称哈佛学院。在初创期，哈佛学院主要采取了两项创新举措。其一是在建校之初，哈佛学院就打破了英国的一项传统——只有大学才能对学位进行授予，1650 年，牛津大学与剑桥大学首次承认了哈佛学院向学生颁发的学位证书；其二是为更好地适应时代发展、产业革命所提出的要求，对自然科学课程予以增设。1780 年，哈佛学院先后开设数学、医学等课程，由此，哈佛学院也得到了升格，正式成为哈佛大学。

1781—1868 年为哈佛大学探索期。在探索期，哈佛大学进行了一项重要改革，那就是对德国大学模式进行借鉴，探索革新自身的教学方法、教学制度以及课程设置。例如，打破固定课程，推行选修制；对研讨式教学方法进行倡导；给予学生自主权，使其能够从自身兴趣、能力出发，对学习进程进行安排；等等。通过实行上述改革措施，哈佛大学踏上转型为现代大学之路，迈出第一步。

1869—1982 年为跃进期。在跃进期，哈佛大学对一系列教学体制体系进行创建与推行，包括住宿制、导师制、全面选秀制等，同时对核心课程体系及通识教育方案予以制订。哈佛大学对古典教育的传统进行突破，形成专业教育结合于普通教育的崭新课程体系。哈佛大学在几任校长不懈努力之下成长十分迅速，很快跻身世界一流大学之列。

1983 年至今为深化期。哈佛大学于近年对全面综合的教育改革再次予以启动。例如，哈佛大学提出，对选择确定专业的时间进行推迟，让学生在第三学期末再选定专业；再如，哈佛大学对第二专业领域进行增设，围绕师生交流以及探究性学习的强化，构建出新课程体系，在建设综合交叉学科课程方面予以强化；又如，哈佛大学对住宿导师制度进行完善，同时对全球化学习体验项目着力进行扩充；等等。

目前，哈佛大学一共设置了 10 个平行学院（部、所），包括医学部、商学院、法学院、文理学院等。其中，肩负着本科生教育工作的专门学院为哈佛学院，其属于文理学院。对于哈佛大学来说，尽管商学院、法学院等学院都广为人知、声名在外，然而实际上，其核心是哈佛学院。在美国，诺贝尔奖获得者来自哈佛大学的数量最多，同时，很多世界级学术大师、文学家、思想家都是从哈佛大学走出的，如杰罗姆·布鲁纳、亨利·梭罗、拉尔夫·艾默生等。我国近代也有很多著名学者、作家、科学家在哈佛大学求学，如林语堂、陈寅恪、赵元任、竺可桢、胡刚复等。除此之外，多位美国总统、美国国会议员及政府部长、公司财团总裁等也都毕业于哈佛大学。

2. 哈佛大学人才培养模式特点

（1）适应时代要求的人才培养理念

什么是人才培养理念呢？人才培养理念就是培养主体对人才培养各方面的理性认识，包括活动原则、职能任务、目标价值以及本质特征等，还有对人才培养的理想追求及其所形成的各种具体的教育观念。

如前所述，哈佛大学的办学历史悠久，将近 400 年，在漫长的办学过程中，哈佛大学并非有着一成不变的人才培养理念，而是始终充满危机意识，拥有强烈的社会使命感，能够针对时代发展进行前瞻性判断以及批判性思考，并以此为基础与依据，对自身人才培养理念进行持续更新、调整。

哈佛大学成立后，长期对古典自由教育理念予以奉行，对上层社会的通才、绅士进行培养。而当哈佛大学校长由埃利奥特担任后，其从实际出发，调整了学校的培养理念，不仅对"品格和虔诚"的塑造予以注重，更以此为基础，对培养专业知识、实践技能予以强调。埃利奥特认为，旁观现实生活的人并非哈佛大学的培养对象，能取得实际成就的人以及实干家才是。后来，哈佛大学校长分别由洛威尔、康南特担任，两位校长都对自由教育所具有的极高价值予以肯定，认为大学培养目标应当是全面发展的人，特别是在智力方面全面发展的人，有着判断能力和广泛同情心的人，而不应培养出"瘸腿"专家。而当哈佛大学校长由普西担任后，大学就在"培养有教养的人"上大下功夫。在哈佛大学每年的毕业典礼上，校长都要对毕业生进行鼓励，欢迎他们成为一名有教养的人。而亨利·罗索夫斯基（哈佛大学文理学院前院长）则特别制订了五条标准，以判断何为"有教养的人"：其一，书写准确而清晰；其二，对其他文化有足够了解；其三，拥有判断鉴别力，能够对宇宙、社会以及自身进行清楚认识；其四，拥有选择能力以及道德判断能力；其五，在某些领域取得相对较高的成就。从中我们可以感受到，哈佛大学想要培养出的"有教养的人"，除了要有着优异的专业成绩，还应视野广阔、知识丰富，思考清晰、判断理智，从而有足够的能力与准备面对未来挑战。

（2）促进个性发展的专业设置模式

哈佛大学专业设置模式包括多方面内容，如设置方向、设置口径、设置空间、设置时间等。其专业设置模式有着十分突出的特色，那就是能够对学生进行引导，使其理性选择专业并对新专业进行"创造"，从而保证能够因人而异地设置专业，对所有学生的特长与兴趣都予以照顾。

直到学生完成第一学年学业任务，进入第二学年后，哈佛大学才会对学生进行专业分流。在第一学年，学生能够对课程进行广泛选修，从而使自己眼界更加开阔，得到更多机会对自身潜能与兴趣进行挖掘。基于此，步入第二学年后，在对将来自己的主攻方向进行选择时，学生能够拥有足够的时间进行理性思考，最终做出决定。此外，在对专业进行选择时，学生还可以向教辅人员、宿舍导师以及授课教师寻求帮助，征询其意见建议。由于得到了教师专业建议，以及第一学年广泛的积累，学生能够更清楚地知道自己热爱何种专业，又适合学习何种专业。假如学生选择并确定了所学专业，但是又发觉其不符合自己的兴趣，或者其无法满足自身原有的期待，仍然可以重新对专业进行选择。此外，哈佛大学给予学生很大的自由，使其可以对新专业进行创造，从而将更广阔的空间提供给学生，使其能够最大限度地发展个性。假如学生认为自己的需要无法被现有任何一个专业所满足，就可以将设计新专业的申请递交给学校，由自己对专业培养方案进行设计，该培养方案将被有关学院的学术委员会修正、审核。当学术委员会批准了该培养方案，学院就会以新设专业为依据，对学术委员会进行组建，从而指导学生学业，并在学生毕业时为其授予学位。这样的专业设置方式相当灵活、开放，不仅对大多数学生个性化需求予以适应与满足，更将机会提供给那些无法将兴趣、意愿在现有专业内简单归入的学生，使其能够充分对自身才能与个性进行展现，从中我们也可以看出哈佛大学的价值取向——勇于对未知进行探索、以人为本。

（3）注重因材施教的教学制度体系

狭义的人才培养制度就是教学制度体系，是各种各样规章制度及实施体系，而这些规章制度密切关联于人才培养的微观过程。对于哈佛大学的教学制度体系来说，其最具特色的当属实习制、国际访学交流制以及导师制。

首先我们来看导师制。哈佛大学通过借鉴牛津大学的导师制并对之进行创新，建立了自身的导师制。导师制中蕴含着对学院式生活方式进行倡导的理念。哈佛大学为确保因材施教的落实，不仅对导师队伍着力进行扩充，还从大学生在求学不同阶段可能遇到的问题出发，有针对性地对其进行指导。例如，在哈佛大学的导师制中，会分开安排高年级与一年级学生，从而能够对其有所侧重地进行指导。对于一年级新生而言，其刚刚离开高中，开启大学生活，刚进校园的时候正处于过渡时期，他们想要尽可能快地适应大学的学习与生活，并更好地融入其中，因而也会面临一系列挑战。为此，哈佛大学特地设立新生导师委员会，该委员会中不仅包括行政管理人员以及教师团成员，还包括高年级本科生与研究生，旨在关怀新生，对其进行更为行之有效的引导。除此之外，哈佛大学还对新生住宿进行统一安排，将舍监、住宿导师安排在宿舍楼中，使其与学生共同生活，对学生进行引导，让学生能够更好地进行人际交往，对文体活动、学术交流进行参与。同时，哈佛大学不仅为高年级本科生安排舍监、住宿导师，更为其安排专业领域导师，让高年级本科生在学术上得到更好的指导。

在哈佛大学，导师制创造的教育氛围是全方位、全时空的，能够保证关注、了解所有学生的需求。所以，哈佛大学通过实行导师制，一方面，使导师们树立这样的信念——将有抱负的学者更好地培养出来；另一方面，在学习态度方面，学生们也发生着巨大转变，使得学习成绩得到极大提升。

其次是国际访学交流制。哈佛大学对全球化、国际化的研究学习非常注重，想要将世界性教育提供给学生。通过实行国际访学交流制度，哈佛大学对每位大学生提出要求，需要其具有至少一次的国外学习、工作经历。为此，哈佛大学专门设立国际项目办公室，调整专业课程，减少一门核心课程必修课，增加国外一学年学习学分，从而方便学生出国进行工作与学习。

最后是实习制。哈佛大学将理论学习结合于实践能力培养。例如，哈佛大学的教育学专业合作于波士顿公共学校，对教师专业发展学习进行创建，将实训基地提供给学生。同时，哈佛大学还建立了顾问团，顾问团成员包括2~4名实习于同一学校的高年级学院、1名有着新近教学实践经验且具有优秀表现的博士生，或1名近期退休的中学教师，从而有针对性地对学生进行实习指导，让学生更顺利地参与实习，取得良好成效。

（4）强调博专并重的课程设置方式

通过持之以恒地对课程进行改革，当前，从整体上看，哈佛大学的课程结构为"核心课程＋专业课程＋选修课程"。从课程设置方式上，哈佛大学着力于实现专业培养与博雅教育之间的动态平衡。

在大学四年内，按照要求，哈佛大学的学生需要完成32门课程的学习，在考试完毕且顺利通过后，学生就能从哈佛毕业。一般来说，一学期内，学生需要同时学习4~5门课程，每周每门课程需要学习4~6小时。学生将按照下述模式选修这32门课程，在专业学习领域选择16门课程，然后选择8门核心课程，剩下的8门课程，学生可以在哈佛大学各系开设的课程中，或波士顿地区与哈佛合作的大学开设的课程中进行自由选择。对于学生而言，这种选课模式是十分灵活的，如果他们并不想成为哈佛大学的荣誉毕业生，就可以多选择选修课，而少选择专业课。

在哈佛大学课程设置中，核心课程可谓独具特色，美国高等教育界对其大加赞誉，认为核心课程是课程改革过程中的里程碑。核心课程的设置目的主要是将不可或缺领域的知识展示给学生，使学生了解人类对知识进行探索时所需要的不同分析手段，以及这些分析手段所具备的价值和不同的使用方式。核心课程共包含 7 个学科领域，分别为定量推理、社会分析、道德推理、科学、文学与艺术、历史研究以及外国文学。每个领域每年最多开设 10 门核心课程。哈佛大学中有专门的课程委员会负责更新、评审、监管这些核心课程，从而保障其具有更好的质量。从本质上对核心课程进行观察，我们可以看到，其旨在教授学生人类对知识分析、组织、运用的手段与方式，而不是注重向学生进行特定知识传授，也就是我国古语中说的"授人以渔"。

哈佛大学所采用的全新课程体系，不仅对学生专业方面的学习予以注重，更对其全面发展进行侧重，从而引导学生养成终生学习习惯，在面对不可预测、瞬息万变的未来时，掌握着充足的应变能力，能够从容、淡定地应对。

（5）构建独具特色的隐性课程形式

学习者的尊严感、价值感很大程度上是由隐性课程决定的。同时，在认知方面，隐性课程具有导向功能；在兴趣方面，隐性课程具有激发功能；在情感方面，隐性课程具有陶冶功能；在意志方面，隐性课程具有磨炼功能；在行为方面，隐性课程具有规范功能。哈佛大学的宿舍文化以及住宿制度就是其隐性课程形式，且极具特色。

具体来说，哈佛大学对每一名学生提出要求，在就读大学的 4 年内，大部分时间都必须住在学校。之所以如此规定，主要是因为在哈佛大学的教育体系中，宿舍文化以及住宿制是非常重要的一环。哈佛大学的宿舍楼相当于一个小型社区，其组成于若干楼群，而每一组楼群都形成了自己的历史文化传统，具有独特性。宿舍楼不仅能为学生提供住宿，楼内还有小教室、文体设施、餐厅、图书馆等，设施十分完备，可谓集学习、文体、交际、餐饮、住宿于一体。学生经常在宿舍内举办活动，活动形式多样、丰富多彩，如文艺表演、辅导课、体育竞赛、研讨班等。这些活动为学生提供了和同学之间交往、和教师彼此交流的机会。在哈佛大学的大背景下，每一幢宿舍楼都将更小的社会共同体、学术共同体塑造而出。直到今天，住宿制仍旧秉持着其一贯理念，那就是通过住宿系统对大学进行浓缩，使其成为一个有着便利服务、管理便捷的优雅所在，成为一个能够让学术交往、社会交往面对面进行的网络，成为一个能够与不同背景的人、学者、教师进行非正式互动的地方，成为一个社会化、智慧与文化不断提升的社区。对于哈佛大学的学生来说，宿舍系统已经成为他们对学习经验、生活经验进行积累的基础。因而，在哈佛大学，宿舍并不仅仅是一幢又一幢的建筑楼，而是一个可以学习、教学、交流的社区，具有多元性且非常活跃。

（二）剑桥大学人才培养模式

提到"自然科学的摇篮"，我们就会马上想到剑桥大学。有近百名诺贝尔奖获得者受到剑桥大学的吸引，来此学习或执教。霍金、达尔文、牛顿等，都来自剑桥大学。

1. 注重培养综合素质的人才培养理念

自始至终，剑桥大学都对塑造人格以及人的理性训练予以重视。从教育目的上看，剑桥大学在一定程度上相似于牛津大学，对英国传统高等教育的价值取向进行体现。剑桥大学对学生的个性发展以及理性思维培养方面给予了更多关注，对学生进行鼓励与引导，助推他们进行独立自主的思考，对知识进行主动探索与研究，同时，剑桥大学还强调知识本身的价值以及自由教育的价值。

剑桥大学的目标是促进学生在学术成绩、品格、爱好、专长和思维能力上的发展，希望全面了解学生并促进他们全面发展。从中我们可以看到，剑桥大学人才培养理念中，正囊括着对学生个性发展的促进。剑桥大学不仅尊重、关注学生个性的独特性，也将不同寻常的意义赋予个性的和谐性、创造性、主体性。剑桥大学的学生受到剑桥大学人才培养理念的影响与熏陶，不仅有着极高的综合素质，更有着出众的学术能力，创新能力更是格外突出。

2. 构建自由开放的课程设置方式

剑桥大学采用开放灵活的课程设置方式，其组合丰富的课程模块，旨在对学生提供帮助，使其将完整的知识体系构建起来，又将多样化的选择提供给学生，对其个性化的学习需求予以满足。剑桥大学从课程结构上对大学生课程进行划分，使之分为荣誉学位考试、部分和模块三个层次。具体来说，所有的荣誉学位考试中都有两部分，分别为第一部分与第二部分；而所有部分中都有若干模块，模块中囊括了各种学术活动，如研讨、讲座、课堂教学等。从中我们也可以看出，课程模块并不受到讲授性课程或者纯理论性课程的局限。如果学生想拥有某专业的荣誉学位，就需要在第一部分、第二部分中分别对课程模块进行选择，所选模块数量为 2~10 个。在课程结构上使用上述模块化的课程组合方式，能够让课程受到的学科专业的单向限制得到淡化。组合相关知识领域、相关知识点乃至相关学科，使其成为课程模块，能够让学生的学术视野更为开阔，使其拥有跨学科的知识结构。

从课程内容上来看，和牛津大学的综合性课群相比，剑桥大学的课程模块的设计也存在相似之处。剑桥大学的课程模块不是简单地拼凑各种课程，而是对学科发展趋势进行充分考虑。相关教师会参与到各个模块的设计中去，同时还会对学习参考资料予以提供，对考试试卷进行设计。在剑桥大学，学生们上课时不会领到固定教材，得到的是一张很长的书单，上面包括核心参考、重要参考、延伸阅读三部分资料。通常来讲，会有 3~5 本书属于核心参考，而延伸阅读的书目则可能有几十本之多。当然，除了书单之外，授课教师还会对相关书目予以罗列。剑桥大学采用的开放式模块设计，能够让学生在求学过程中拥有更多选择，继而在最大限度上获得发展空间。

3. 重视因材施教的教学制度体系

就"导师制"而言，剑桥大学和牛津大学渊源颇深。在导师制的制度、具体操作以及理念上，剑桥大学和牛津大学有着很多共同点。

在剑桥大学的教学制度体系中，导师制处于核心地位，剑桥大学以导师制为依托，对学生实施因材施教。

当学生初入剑桥大学求学时，剑桥大学会为他们安排导师，这也是开启大学教育的第一项重点工作。当导师接触、认识过学生后，会对学生的志向理想、兴趣意愿、学习基础进行深入了解，并以此为基础对学生进行指导，帮助其对学习计划进行拟定。之后，学生在剑桥的求学过程中，也会时刻和导师保持制度化交流，如每周学生都需要和导师见面至少 1 次，每次时间不能太短，应当为 1~2 小时左右。导师需要对学生进行全方位指导。例如，和学生一起对大学期间个性化学习计划进行商定；再如，和学生一起针对某一门课的具体学习计划进行制订；等等。导师会从学生具体学习课程情况出发，辅导学生，将有关参考资料、参考书目带给学生，同时提出论文主题，以供学生进行深入研讨。学生也有着自己的任务，其需要按时完成相关书目的阅读，对资料进行搜集，根据导师要求将论文撰写完成，并以此为基础深入地与导师进行沟通交流。通过上述日常指导以及对论文的研究与探讨，学生和导师之间能够针对学术思想进行深入交流，从而对学生批判质疑精神进行培养，对其学术创新能力予以提升。当学生结束第一学年学习，开始进入第二学年学习后，会与导师有着更高的交流频率。导师对学生的指导具有个性化特点，富有针对性，故而能对集体班级授课的不足之处予以弥补。导师能够对每一名学生进行关注、了解，给予他们有针对性的、行之有效的建议与指导，更好地实现学生差异化、个性化发展。

4. 采用探究交流的教学组织形式

在教学组织形式上，剑桥大学可谓不拘一格。在剑桥大学的课程模块中，囊括着多元化的课程类型，不同的课程类型也有着不同的教学组织形式，如研讨会形式、讲座研讨形式以及课堂教学形式等。例如，讲座研讨形式。如果我们对剑桥大学的讲座进行观察，我们可以看到两个突出特点。第一，剑桥大学的讲座对前沿性、专题性、研究性予以注重。前文中我们已经提到，在剑桥大学的课程中，是没有固定课本以及教科书的，因而讲座也不会对概论性的课程或者导论进行讲解，主要针对的是教师近期发表的论文或者其在研项目。主讲教师会在讲座开始前将辅助材料分发给学生，材料中的内容主要是接下来的讲座中会提及的例证或者材料。所以，剑桥大学的讲座旨在对研究问题进行提出，对学生视野进行开阔，对研究方法进行引介，对学生思维进行启迪。第二，剑桥大学的讲座对多样性进行强调。不管是新的还是旧的研究题材，不管是宽的还是窄的研究范围，只要教师有新观点、新发现或者对新方法进行运用，都能在剑桥大学举办讲座。剑桥大学兼容并蓄，对各种讲座的举办予以鼓励，从而在校内形成鼓励创新、思想自由的学术氛围。除此之外，剑桥大学的研讨课或者讲座还对辩论、讨论进行鼓励与提倡，当教师讲完自己的内容后，会留出辩论或自由讨论的时间，此时，听众会纷纷提出问题，这些问题可能十分尖锐、刁钻，时常使宣讲人回答不出、哑口无言，不过整个研讨的气氛仍然是友好、严肃的。

5. 培育和谐发展的隐性课程形式

对于剑桥大学来说，其有着无处不在的隐性课程。其隐性课程形式包括优美的学习环境和生活环境、创新的学术氛围、严谨的学风等。而在其中起到至关重要、举足轻重作用的，当属"导师制"和"住宿学院制度"。一方面，就学生学术成长方面来看，导师制起到非常关键的作用；另一方面，导师制也深刻影响着学生的非智力因素，如理想志向、人格修养、科学精神等，助推着学生个性的和谐发展。除此之外，在对学生和谐发展的引导方面，"住宿学院制度"也是名声在外，更对其他一流大学产生影响。例如，前文中所提到的哈佛大学，实际上其住宿制度就是借鉴剑桥大学的住宿学院制度。剑桥大学建立住宿学院制度，旨在营造全方位教育氛围，从而对学生和谐发展予以引导。住宿学院制度将新的性质、新的职能赋予学生宿舍，使学生宿舍承担一项重要职能，即对学生发展予以促进。因此，在剑桥大学，住宿学院不仅仅是供学生住宿使用，其更像是一个小型社区，学生可以在其中开展娱乐活动，也可以进行研讨交流、自主学习。住宿学院中不仅住有学生，还住有教师，且他们都是来自不同专业、有着不同背景的。同时，住宿学院中还增设有专门的学习导师、生活导师。导师们对学生进行引导与组织，使其开展各种各样的活动，如举办音乐会、开展辩论赛、组织研讨会、举办体育比赛等。学生与学生之间、学生与导师之间密切的交流与沟通，创设出温馨的学术环境、生活环境，对学生发展个性、提高综合素质是大有裨益的。

6. 注重能力考查和考试反馈的教学评价方式

剑桥大学非常重视考查学生的综合能力，在考试后，学校会对学生答题情况以及考试试题进行仔细分析，从而凭借考试反馈、分析，对教学评价方式进行改进，对评价在教学上的反馈、矫正功能进行激活。

剑桥大学在对学生进行评价时，更多的是以学生掌握的知识基础、对知识进行运用的能力为依据，因而在考察时也侧重于这两方面。例如，2009 年剑桥大学的英语系考试，考题中有一个重要模块，模块中给出了 20 道开放式问题，学生可以从中选择 3 道题进行回答。这样设计考题，能够将较为宽松的空间提供给学生，让学生能够更好地进行发挥，主要是对学生的批判能力、分析能力、学习能力进行考察。

（三）牛津大学人才培养模式

牛津大学的办学理念为"精英主义"，受此影响，牛津大学的办学目标为培养精英型人才。牛津大学的学生管理基本模式为"学院制"，人才培养核心方式为"导师制"。牛津大学通过实行学院制，为学生营造各种学科专业混合的氛围与环境，使其在学习过程中，不仅能对自己喜欢的专业知识进行学习，还能对其他各种知识进行涉猎，从而使自身综合素质得到提升，对实现全面发展可谓大有助益。

牛津大学学院中，无论是学习氛围、学术氛围还是宗教氛围都十分浓厚，有利于对学生的综合素质进行培养。对于牛津大学来说，对学生的个性予以尊重，鼓励学生独立思考、自主学习、触类旁通，实现全面发展，是其最基本的办学理念。而导师制则是对该理念贯彻最为有力的制度。

在牛津大学刚刚创立的时候，学校中的师生关系和行会中的师徒关系十分类似，而在后来，其渐渐发展、演变，最终成为如今的"导师制"，这也是牛津大学的特色之一。牛津大学实行导师制，能够让导师对学生的学习、生活情况随时进行了解，对学生的特点、个性予以掌握，从而在对学生的指导上更具针对性，真正实现因材施教，充分挖掘每一个学生所具有的潜能。导师制对学生的个性发展予以尊重，引导学生独立思考、博览群书，对学生的潜能进行充分激发。

试想，一名中学生刚刚毕业，踏入大学校园之后，就遇到一位有着丰富人生阅历、丰富教学经验与科研经验、极高专业水平的导师，这名导师会对其进行跟踪指导，那么这名中学生在大学的学习过程中，一定能得到快速成长。

牛津大学的学院制度有着悠久历史，经过长达 800 多年的发展与演变，已经较为完善。各个学院始终秉持"导师制"，以此作为办学传统。与此同时，牛津大学中，每个学院都有着高度自治的权力模式、自给自足的财务模式，这些都坚实地保障着导师制的实施。

牛津大学中学院众多，共计有 38 个，这些学院之间是彼此独立的。身为牛津大学的核心，学院所负责的事务重点有以下三项：其一，对学生的文娱活动以及食宿进行管理；第二，宗教活动；第三，对导师进行指派，保障导师制的落实。每个学院的财务都是独立的，因而有着独属于学院本身的基金以及房舍。同时，学院与学院之间有着竞争关系。牛津大学中设有众多学系，大约为 150 个，作为教学单位，系被牛津大学下设的学部（共 4 个）直接管理。牛津大学与各个学院之间有着明确的分工，彼此之间没有隶属关系，因此，牛津大学用"联邦制"形容大学本部与 38 个学院之间的关系。基于"联邦制"，有两种并行不悖的体系存在着，其一为彼此之间相互独立的学院；其二为各种学术机构，即科系，它们从属于大学。在牛津大学中，科系属于非常重要的机构，不过它并非大学的自治单位，而是一种跨学院机构，和任何学院之间都没有隶属关系，其功能也是独立于学院的，与学院一起，在大学联邦制内共存。

牛津大学对大学生的培养，主要是通过学院与科系进行的。学院与科系分别对不同大学教学体系进行采用，从而对学生的人格、能力、知识协调发展予以促进，将"坚持培养全面发展的人"的教育理念体现而出。牛津大学主要采用两种方式设置课程。其一为课堂讲授，指的是针对某个专题，由学院的讲课教师开设课程，各个学院的学生可以对该门课程进行选修；其二为导师辅导，指的是学生在申请入学时，各学院相关学科的教授对学生递交的申请文件进行审查，而在日后，负责审查的教授中，有一位将成为这名学生的导师。通过对上述两种教学方式进行采用，特别是对导师制进行采用，牛津大学以对学生个性发展的尊重为基础，将课堂教学结合于个别辅导教学、实践操作，同时开展各种讨论会、讲座，举办多种多样的课外活动，实现学生培养的差别化。

1. 科系的大学教学体系

（1）课程设置和管理

在牛津大学，科系负责设置课程、管理课程，形成的制度、规范也十分完备。科系专门针对课程设计、批准制定出政策指南，即《新课程的引入及对已有课程带来的主要变化》，详细规定如何设计新课程、引入新课程。在管理课程时，科系需要先对《考试与评价政策指南》（教育委员会制定）中的要求进行关注，以此为依据，对管理监控点以及管理人员进行具体明确。此外，无论是选修课程还是专业课程，科系都提供有丰富而充足的门类与数量，其提供的课程类型也是丰富多样，从而保障学生选择的专业、课程都能满足自身兴趣爱好，适合自身特点。科系还提供很多综合课程，大学生能够自由地将自己感兴趣的课程从不同学科中挑选出来，时常会出现理科交叉于文科的现象。

（2）教学方式

讨论、讲座、传授等是科系所采用的主要教学方式。其中，对于传授知识而言，"传授"是一种非常重要的教学方式，通常来说，各个专业的必修课教学会采用"传授"方式，本专业学生为主要教学对象；讲座这种教学方式则是面向集体进行的，教师会将学科中新的研究趋势以及相关研究主题讲授给学生，这种讲授是不定期的，主要目的是对学生的知识面进行拓展，让学生对已经学习的课程加深理解；讨论往往以小组讨论形式进行，一个小组中组员约为8~16人，学生们针对其他人的论文进行讨论，在讨论过程中，大家可以纷纷发言、各抒己见，小组讨论往往有着十分活跃的氛围。

（3）考试评价体系

在牛津大学的科系中，存在着一套考试评价体系，其详细规定考试程序、考试结果以及如何选拔考试人员，更特别说明了剽窃行为与学术规范，可谓十分完备。在整个大学学习期间，学生不需要参加很多场考试，最为重要的公开考试为"第一次考试"以及"毕业考试"。在第一学年结束时，学生要参加"第一次考试"，正式进行考试之前，学生还要参加专门的导师见面会，对应当如何应对考试进行讨论。"第一次考试"并非以对学生记忆力进行测验为目的，而是对学生掌握专业知识的情况进行考查，测试其对该学科的真正理解程度，从而对学生进行评估，以明确其是否有着足够的基础，能否开始下一阶段学习。

当学生完成"第一次考试后"，就会享受一段假期，假期时间相当漫长。当然，享受假期并不代表着可以无所事事，学生需要在假期中对大量书籍进行阅读，同时对各种实践活动进行参与，还要完成一份假期报告，开学之前向学校递交。

在第三学年即将结束时，学生需要参加毕业考试。考试内容主要为整个学习过程中涉及的知识。对于牛津大学的学生来说，毕业考试这段时间可谓是最紧张的，不仅有着要一连考上几天的笔试，还要进行一场口试。当毕业考试完毕后，主考人员会将考试报告提交给科系，对本次毕业考试试题的难易程度、教学方式的优劣得失进行十分详细的分析。考试报告会和试卷一起在各科系图书馆进行保存，这样学生可以随时进行查阅，十分方便。

2. 学院的大学教学体系

在牛津大学，导师制是一种独特的针对大学生的培养制度，迄今已施行了数百年。牛津大学在导师制的作用与影响下，获得了极高荣誉，其学生中有40位获得了诺贝尔奖，有20多位成为首相。美国大学借鉴与仿效牛津大学的导师制，并取得了很大的成功，成功屹立于世界高校之林。因此，导师制在世界高校范围内被广泛地予以推行。

作为一种个别指导的教学制度，导师制的实行过程中，无论是管理导师教学还是评价导师教学，都是非常宽松的。因为没有人能够知道不同的导师使用的教学方法、坚持的标准相同与否，因而无法对其进行比较。除此之外，尽管导师不会正式地评定与学生见面时学生的表现，不过，其会根据学生本学期表现出的进步情况撰写报告。在学期末，学生也会和学院院长、导师共同对自己学业进展情况进行讨论，并评价导师教学情况。为了对导师制教学给予支持，学院还会采取其他措施，如各学院都具备专门的大学生活动室，新学期伊始，学院会对学生进行测试，主要是为了对学生假期内学业完成情况以及新学期学习课程准备情况进行考察。

3. 人才培养特点

（1）构建合理的知识结构

在育人时，牛津大学提倡依托博大精深的知识进行，一方面对学生所拥有知识结构的宽度进行强调，另一方面，也非常重视学生在拥有广博基础知识后掌握专业知识的深度。

牛津大学采用的教学模式属于混合式，即将传授课、研讨课、讲座课以及导师辅导相结合。科系开设的实验课、讨论课、讲座课、传授课等，等于是为学生提供了渠道与平台，通过这一渠道或平台，学生可以对信息与知识进行获取，一方面让自己的基础理论知识更为扎实，积淀的文化底蕴更为深厚，另一方面也拓宽自己的知识面，既掌握人文知识，又深谙科学知识。每个科系都对科学的课程体系进行设置，将丰富多元的课程类型提供给学生。牛津大学的科系还对两种极具特色的课程进行设置，分别为预备课程与综合课程。科系深刻地认识到，部分学生对某门课程进行选修之前，需要强化学习某些知识，因此对预备课程进行开设。例如，将英语语言预备课程面向非英语国家学生开设，将基础数学面向那些入学成绩未取得 A 的理工科学生开设等。在牛津大学所开设的课程中，综合课程占据总量的 1/3，学生可以对多个学科进行选择，同时进行学习。之所以对单科课程进行设置，主要是为了让学生能够更加精深地、系统地学习自己选择的专业；而之所以对综合课程进行设置，主要是为了在有限的时间内，在一门课程中将具有学术价值的科目结合起来，从而对文科与理科的渗透、交叉进行促进，对学生的知识面进行拓展，对不同学生的需求予以满足。

在学生对广博的基础知识予以掌握之后，其知识结构会通过导师的教学活动得到进一步补充，从而更具合理性。

导师制不仅对于教师来说是一种非常成功的教学模式，对于学生来说，它也是一种十分独特的学习模式，因而我们也可以说，导师制是有机结合了教师的"教"、学生的"学"的教学形式。在牛津大学，很多导师都是学生选择的学科领域中的知名专家，导师所取得的学术成就以及研究成果，能够让学生更为深入地理解自己所学专业。导师每周都会和1~2名学生见面，对学生学习过程中遭遇的问题或者一篇论文进行讨论。在导师和学生提问、讨论过程中，学生需要提出自己的观点，并对该观点进行论证。作为讨论者，学生可以欠缺一些经验，然而必须拥有自己的想法，且能够为之辩论，同时，还应当对他人的批评、建议予以接纳，对他人的观点有选择地进行吸收。上述过程能够帮助学生对各种知识进行广泛涉猎，对学生掌握、消化所学知识也是大有裨益的。

牛津大学中的学院属于多元化的国际社区，来自不同国家、有着不同文化、身处不同学科与年级的学生以及顶尖学者共同汇聚于此，为有着不同专业背景的大学生彼此学习、相互促进、相互交流营造了良好的环境，对学生知识面的拓宽以及视野的开阔提供很大助力。

（2）发展多样的能力

牛津大学的教学并非对学生进行普通的知识灌输，而是将一种可转化的能力、智慧传授给他们。具体来说，在牛津大学受教，学生不仅能掌握多方面能力，还能对知识的更新换代进行更好的适应。学院的导师制对学生独立思考、分析、求知能力的培养十分注重。我们要认识到，能够提出问题，对其进行分析，继而将有关内容表达给他人，并将自己对该问题的见解阐述出来，是一种十分重要且非常可贵的能力。如果学生掌握该能力，就能在未来随时把这种能力转化为多种技能。因而，大学教育要对这种关键能力进行培养，而非抹杀。大学生应当有独立思考的能力，并且学会理解他人的思考方式，同时也要对下述现实予以正视：无论一名思想家具有多高的权威性，也是可能犯错的，甚至有时会错得彻底。所有这一切，正是导师制所强调的。

除此之外，在导师的教学活动中，还对学生的写作、阅读能力的培养予以重视，注重培养学生获取信息并对其加以整合、分析的能力。无论是课堂讨论、课堂论文还是课堂实验、实践，抑或是考核、学生作业、毕业论文……这些环节都是为了对学生获取与运用知识的能力、实践的能力、协作的能力、独立钻研的能力进行培养。在牛津大学，有些科系也会尽可能早地让学生与科研相接触，从而让学生步入学科的前沿阵地，这样既能更好地培养学生运用原理对问题进行思考的能力，也能更好地培养学生的创造性思维，使其判断分析能力得到强化，不仅学会学习，更学会研究。科系开设的综合课程在培养学生创新能力、综合能力上提供强大助力，而科系和学院开展的丰富多彩的社团活动、多种多样的学术活动，也对学生交际能力、口头表达能力予以增强。

（3）塑造完善的人格

大学所培养的并非"知识分子"，而是"有教养的人"。因而对于完成大学学业，从大学毕业的学生来说，相较于"高深学识"，更重要的是有着良好的教养。那么，什么是教养呢？教养就是人们在保持尊严，施展能力，履行生活职责时所需要的风度、性格、修养、表达能力、知识等。凭借着这样的教育理念，牛津大学对学生完善的人格进行塑造。在对既定道德准则进行遵循的前提下，各学院有着团结友爱的精神，在同一屋檐下生活，是一个学习共同体，其承担着完善学生品格的任务。导师制中存在着一种"世界上最有效的关系"，那就是导师与学生之间的关系。伟大的导师往往品学俱佳，宛如一面镜子，学生通过这面镜子，可以时时刻刻将自己的一举一动、一言一行比照着导师进行。

在牛津大学，大学生社会活动的中心就是学院。牛津大学学院不仅将有着合理价格的食宿提供给学生，更向他们提供各种各样的活动项目。在牛津大学学院中，学生能够迅速认识并结交到很多志同道合的好朋友，也拥有非常多的机会，对学院内组织举办的丰富多彩的校园文化活动进行参与。可以说，丰富而优质的文化资源、教育资源分布在学院的每一处。在牛津大学发展的悠久历史中，其文化氛围分外浓厚，同时也积淀出深厚的文化底蕴。人文景观交相辉映于典雅而古朴的自然景观，校园内处处皆对学校的传统精神、文化品位予以体现。在这样的大学环境中，一批接着一批地培养出优秀大学生。

（四）慕尼黑工业大学人才培养模式

作为一座在国际享有盛誉的大学，慕尼黑工业大学不仅在德国属于顶尖学府，在世界大学中更是名列前茅。迄今为止，慕尼黑工业大学培养的学子中，已有多位获得诺贝尔奖。慕尼黑工业大学属于综合性技术大学，其设置有涵盖范围很广的学科，共计 12 个学院，包括经济、电子与信息技术、机械、数学、化学、制造与测量、物理等。

1. 强调科技与人文、理论与实践紧密结合的人才培养理念

慕尼黑工业大学对具有国际视野的高级工程技术人才进行大力培养，其对文科与理科相融合的通识教育予以注重，强调即便是工科院校，也要对人文社会科学研究水平予以提升。人文社会科学在对学生跨学科的广阔视野的培养方面有着十分重要的作用，慕尼黑工业大学十分重视对这种作用的发挥。同时，在人才培养过程中，慕尼黑工业大学对理论结合实践十分注重，侧重于能力培养、方法训练以及实践过程。慕尼黑工业大学强调动手能力及独立工作能力，而并非只关注理论，这也是其最大的长处。在培养人才时，该大学还对校企合作予以重视，实行联合培养。

慕尼黑工业大学始终密切联系那些以科研推动的产业，这也是它的显著特点。那么，什么是以科研推动的产业呢？其包括医药、信息技术、生物科学、航空航天、化工等。例如，西门子、奥迪、宝马等，这些公司都与慕尼黑工业大学合作密切。

慕尼黑工业大学在对理工科进行教学时，非常重视学生是否掌握学科前沿动态，即便部分成果、理论尚未成熟，也对教授进行鼓励，希望他们能将本学科取得的最新进展及发展趋势对学生进行介绍。所以，在慕尼黑工业大学，学生所接触的知识并非陈旧的、静态的，而是更新的，是本专业的前沿动态。

2. 重视基础深化和学科交叉的课程设置方式

基础类和专业类课程是慕尼黑工业大学课程结构的主要组成部分，包括专业必选课程、基础必修课程、实践实习课程、补充学习课程以及自选深化课程。在大学的前 4 个学期，学生需要学习基础类课程，主要是为了培养学科基本能力与基础知识，为将来的专业学习奠定良好基础。当学生修完基础类课程后，会参加中期考试，从而对自身掌握基础知识的情况予以考察，如果考试不合格，就不能进入下一阶段的专业学习。在第 3 学期、第 4 学期，学校会将专业必选课程安排给学生，主要是让学生对专业及相关领域知识进行深入了解。专业类课程有着丰富的课程数量供学生选择。在第 5 学期、第 6 学期，学校会向学生开设自选深化课程，主要是为了对学生的兴趣发展予以满足，对学生职业定位的需求予以适应。

学生可以根据自己的兴趣爱好，将个人学习计划自由制订出来，不仅可以在多种多样的课程中自由地进行选择，也可以根据学校推荐进行选择。补充学习课程的目的是对文理融合进一步强化，对学生的综合素养进行提升。学生需要在各领域（如写作、外语、历史、音乐、美学、哲学、文化等）进行选择，且需要选够一定数量。实践实习课程主要是为了对学生实践动手能力予以提升。在慕尼黑工业大学，学生必须对职业技能课程进行选修，或者参与社会实践活动，且满足一定数量。

从课程内容层面来看，慕尼黑工业大学对跨学科课程建设非常注重。例如，该大学专门为医学工程专业设计了一门综合课程，融合了化学、物理、生物、数学、医学、信息学、电子、体育等8个科系内容，在德国属于首创之举。此外，慕尼黑工业大学能够及时调整课程内容，凡遇上前沿性交叉学科的研究课题，在其研究中或研究结束时，该大学就会在教学中立刻加入最新的研究成果。

3. 注重培养研究能力和实践能力的教学制度体系

慕尼黑工业大学的教学制度体系以访学制度、实习制度、师生合作科研制度为代表，对培养学生实践能力、科研能力进行重点聚焦。对于学生研究能力的培养来讲，师生合作科研制度可谓是十分重要的举措。慕尼黑工业大学采用教学结合研究的方式，开展前沿科学研究、进行通识知识教学，并对这种方式非常重视。教授在教学过程中，会把"提供科学研究的方法"作为授课重点，而不是只将具体技能传授给学生。同时，慕尼黑工业大学的教授企业实践经验十分丰富，产业界的资助与需要是其研究项目的直接来源。教授带领学生对创新工作进行开展，在研究中展开教学，在教学中深入研究，从而极大地提升了学生的研究能力。

在对学生实践能力的培养方面，实习制度起到重要作用。慕尼黑工业大学的所有专业都对学生提出了严格的实习要求。例如，航空专业要求学生具有工业部门实习经历，且时间为26周；电气工程专业要求学生有企业实习经历，时间为9周。如前所述，慕尼黑工业大学密切合作于西门子、大众、宝马等公司，对这些公司中的高层人员进行聘请，使其在学校内开设课程，或者成为学校的客座教授。每年，大批的慕尼黑工业大学学生来到有关企业进行实习，参与一线生产。对于理工科的学生，无论是大学生还是研究生来说，他们中的绝大多数都是在企业实习期间确立论文选题并最终完成论文的。

慕尼黑工业大学对大学生的国际交流访学也非常注重，学校制订系统的国际交流计划，要求在学习期间，60%以上大学生要在国外大学访学交流至少一个学期。除此之外，慕尼黑工业大学还和国外多所研究机构及大学进行合作，更加便于学生国际化学习的开展。

4. 鼓励交流互动的教学组织形式

练习课、研讨课、讲座课是慕尼黑工业大学的基本教学形式。虽然它们在教与学方面有着不同的侧重，不过总的来说都对促进师生课堂互动交流十分重视。例如，尽管在讲座课上，主要是教师对学生进行讲授，不过教师也会专门留出时间让学生提问，并对问题进行解答，以此进行交流互动；再如，虽然在练习课中，主要是学生自己进行练习，但是老师也会在一旁辅助引导，时刻为学生进行答疑；又如，一般而言，研讨课的主题关联于教授刚发表的研究成果或在研课题。教师往往会在新学期伊始就对研讨课的大部分主题进行公布，学生可以在教师公布的主题中选出自己兴趣所在，也可以向教师对新主题提出建议。当学生选定主题后，就要根据主题撰写研究报告，在研讨课上展开相关讨论。研讨课的主持者通常为两名教授，或者一名教授与一名助手，研究该主题的学生上台进行演讲，作出报告，当学生结束演讲报告后，其余学生可以对其进行自由提问，反驳其观点或与之展开辩论。在这一过程中，教师主要是对学生进行启发，对其交流加以引导，同时将自己的观点、看法向学生分享。通过研讨课，学生的表达能力、主动探究能力以及独立思考能力都能够得到大幅提升。

5. 促进科研教学紧密结合的教学管理模式

对于慕尼黑工业大学来说，其教学管理模式的主旨在通过科研促进教学，对产业、研究、教学的紧密结合予以推动。该大学十分重视在教学活动的开展过程中采用教学结合研究的方式，要求教学人员对科研工作积极参与，并在教学中直接融入科研取得的成果。因此，慕尼黑工业大学中，"研究所"是各个学院的基本教学单位，并且直接挂钩于产业发展，如果无法得到企业的支持，就不能设立。在研究所中，享有对物、财、人管理实权的是所长，其对研究所的科研活动、教学活动进行全面负责，并在学生（无论是大学生还是研究生）撰写论文时对其进行指导。一方面，研究所承担着高水平的科研工作，另一方面，其也肩负着教学职责。从入学之日起，学生就已经进入了慕尼黑工业大学的人才培养体系，即以

"教学—研究—产业应用"为链条。各研究所为了对产业、科研发展的趋势进行紧密跟随，在教学管理方面的教学自主权极大。此外，研究所与研究所之间还会定期沟通，举办相关交流会，在会上，研究所会对各项具体事务进行商讨，如合作研究、专业融合、教学计划等。

（五）东京大学人才培养模式

1877 年，东京大学成立，是日本创办时间最早的大学。经过百余年的发展，如今在世界大学中，东京大学是有着最为齐全少数学科的综合性一流大学，基本囊括了高等教育与学术研究的主要领域。近年来，东京大学在世界大学排行榜中始终名列前茅。纵观我国与日本的高等教育史，不难看出，日本的东京大学在成立时间上与我国的北京大学前身京师大学堂十分相近，并且它们都属于国立大学，肩负着对精英人才的培养、实现国家与民族振兴的重要使命。两所大学有着相似的文化背景、相近的文化渊源，因而对东京大学人才培养模式特点进行认真考察，对我们来说存在着很大的借鉴意义。

1. 注重培养具有综合素质的人才

日本明治维新时期，成立了东京大学。明治政府之所以创办东京大学，目的就是要对国家资源进行集中，将现代化国立大学建立起来，从而培养科技、经济、政治等领域的精英人才，在学术、科技方面追赶欧美，尽快使日本成为能抗衡西方列强的强国。

从东京大学成立后，一直到第二次世界大战结束，这段时期内，该大学始终以满足国家、社会需要为教学目的与人才培养理念取向，其主要对学生进行专业教育，强调实用型人才与应用型人才的培养。

第一次世界大战结束后，在发展战略与教育目的方面，东京大学开始全面转型。东京大学的教育目的不再是为极端国家主义服务，而是转变为作为学术中心，将科学文化传播于社会，让大学成为追求真理，维护思想与学术自由的媒介。同时，东京大学将发展战略确立为"以质取胜"，尽最大努力对人才培养与学术研究质量进行提升。东京大学对极端国家主义教育目的的僵硬性、划一性取向彻底摒弃，对解放发展学生个性进行强调，对学生综合素质培养予以强化，对学生的人性教育、品格教育更为注重。为此，东京大学特别成立了教养学部，学生进入东京大学后，首先要在教养学部接受为期两年的广泛教养教育，结束后方可来到专业学部进行下一阶段学习。教养教育的主要目的是让学生打下更为坚实的知识基础，培养学生综合判断能力、独立思考能力，帮助学生对学术与社会、人生之间存在的关系有更清楚的认识，从而促进学生个性发展。

2. 促进个性发展的专业设置模式

东京大学有着 4 年大学学制，采用的是二二分段式教育模式，即如前所述，每一位东京大学学生都要先在教养学部接受为期两年的通识教育，结束后再分流进入各专业学部，接受为期两年的专业教育。当学生进入东京大学后，可以根据自己的兴趣志向以及所具备的知识结构，选择进入教养学部理科或者文科一、二、三类课程班学习。无论文科还是理科，一、二、三类课程班都与后期分流后的某一类学科专业相对应，如此能够事先对学生进行分流，防止在课程设置方面出现泛化问题，也能为学生后两年的专业学习夯实基础。

除此之外，每一类课程班不会局限于理科或者文科设置课程，在通识教育中，学生都会对文科、理科课程进行广泛学习，不过在学习内容方面以及学习深度方面存在一定差异。当学生在教养学部度过一年半的学习时光后，可以从自身兴趣意愿以及课程成绩出发，对自己专业分流时希望进入的专业学部进行选择与确定。通常来说，文科各类课程班学生会进入教育学部、文学部、经济学部、法学部，而理科各类课程班学生则会进入医学部、农学部、药学部、理学部、工学部。而在 2006 年，东京大学解除前期课程班须对应于后期学科专业的限制，这样一来，如果学生在前期课程中能够获得符合要求的成绩，就能对后期专业进行自由选择，大大增强了专业设置模式的灵活性。在 2011 年，东京大学还将跨学科课程和文理综合课程添加到教养学部课程中。

无论从机制方面还是理念方面，东京大学在专业设置模式上都相似于美国一流大学，从中我们可以看出其非常重视对大学生的培养，重视其基础知识的牢固掌握。

3. 拓宽学科基础的课程设置方式

东京大学在持续探索改革的过程中，通过强化通识课程建设，增加交叉学科课程的开设以及对选修课程等一系列举措，尽最大努力对课程结构进行优化，希望实现综合化的课程内容。对于东京大学课程设置来说，其一大突出特点就是对通识课程建设的重视。东京大学并未彻底分开专业教育和通识教育。东京大学学生总共需要接受两年通识教育，而其中又分为前期课程（为期一年半）和后期课程（为期半年），后期课程的主要目的是为学生将来接受专业教育夯实基础，进行过渡衔接。如前所述，当学生进入东京大学后，会以文科、理科为划分，进入6类课程学习模块。每一类课程学习模块中，都会开设主题科目、综合科目以及基础科目课程。主题科目主要为研讨课程、专题报告；综合科目主要对国际、区域、艺术、思想研究予以侧重；基础科目则是学生的必修课程，包括十种类别，分别为人文科学基础、数理科学基础、社会科学基础、生命科学基础、物质科学基础、信息处理、外语、基础实验、基础实习、体育运动。

当前，现代科学发展呈现出新趋势，涌现出大量边缘学科、交叉学科、新兴学科，为了应对上述情况，在设置课程时，东京大学进一步对文科、理科的彼此渗透进行强调，对课程积极地进行整合，同时将跨学科内容融入其中，从而让课程设置愈发综合化。例如，通识课程中的基础科目，在基础科目中开设的课程，主要是为了培养学生综合理解自然科学的能力，以及对自然科学进行运用的能力，其必修课包括量子力学、物理化学、统计力学等。通识课程中的基础科目主要由四方面内容组成，分别为物理、生物、化学和数学。再如，综合科目中开设的课程，在研究边缘学科上予以侧重，将评价、决策、预测、计划科学化方法论以及技术与知识系统建立起来，旨在对现如今社会中面临的各种疑难问题、复杂问题进行解决。其包含如下课程：生态计划学、物质计划学、生命系统学、能源计划学、宇宙系统物理学等。哪怕是最基础的实验课程，东京大学也没有忽视，而是以促进学科与学科之间实验整合为基础，不断展开积极探索。例如，1996年，东京大学对"基础实验"新课程进行开设，使其替代之前的三门课程（生物实验、化学实验与物理实验）。"基础实验"新课程编委认为，未来自然科学的发展是基础实验在选题时的着眼之处，其对自然科学各领域所需的基础实验方法、概念的养成予以注重。东京大学还对学分制进行结合，将必修课进行大幅度缩减，对选修课予以增加，更将选修课的科目与范围进行扩大，这一切都是为了将多样化的选择空间提供给学生，帮助其实现个性化发展。与日本的其他高校相比，在必修课上，东京大学设置得相对较少，而在选修课上，东京大学的设置是极为丰富的。

4. 推进因材施教和国际交流的教学制度体系

近年来，为对学生个性发展需要予以更好满足，东京大学探索进行一系列改革，对多样化的人才培养制度进行构建，所形成的教学制度体系既具有东京大学特色，又适合自身发展特点。

东京大学也和其他世界一流大学一样，建立起现代教学制度，如双学位制、学分制、本硕连读制、主辅修制等。同时，在对未来战略目标及自身历史传统相结合的基础上，东京大学锐意创新、勇于改革，建立了分流制、国际访学制等有着自身鲜明特色的教学制度。

东京大学对规范的分流制度进行构建，旨在将最为适合的发展路径提供给学生。如前所述，当学生进入东京大学后，会依照文科、理科两大类完成初步分流，经过一年半的学习之后，学生会根据自己的学习成绩以及兴趣志向，对后期攻读的学科专业进行选择与确定。下面，我们对此进行详细介绍。

在学生结束前期学习后，学校会对学生进行分流，分流从开始到结束共分三次进行。在第一次，学生只能对一个学院以及一个学科方向进行填报，当第一次录取结束后，则开始第二次填报志愿。在第二次，学生可以填写三个志愿。假如第二次录取完毕后，依然有学院没有招录满学生，有学生未被学院录取，那么就开始进行第三次录取，也就是补录。其具体流程如下：每年4月，学生第二学期成绩被公布后，各专业学部会开启招生宣传工作，对招生规则和学部专业接收名额进行公布。从6月起，学生开始对专业分流志愿进行填报。到了8月，学生第三学期成绩被公布，此时学生可以申请变更志愿。在9月，第一次分流录取结果已产生。10月时，还会根据上述流程开展第二次录取以及第三次补录。第四学期开学时，所有学生基本上都已完成分流。

东京大学提出的战略目标、远景规划，就是建设世界一流的教育基地、研究基地，对教育国际化进行推进。因此，东京大学对国际访学制度积极进行建立，对教师、学生进行激励，让他们走出校门、走出国门，到世界其他一流大学与研究结构交流访学。如今，东京大学已和多个国家、地区签订多项国际交流合作协议，同时还广泛地对世界一流学者进行邀请，希望他们来东京大学开课讲学、合作研究。东京大学还和日本国内多所大学建立了研究生和大学生互换学分的合作机制。除此之外，东京大学还筹划对新生特别休学制度进行推行。所谓新生特别休学制度，顾名思义，就是面向东京大学入学新生，实行特别休学制度，时间为一年，让学生能够留学海外，或者对志愿者服务等活动进行参与。同时，东京大学还准备实施其他短期休学制度。例如，东京大学的新生利用半年时间参加自主性短期留学等。

多层面的、广泛的、学术合作与交流，让东京大学与世界范围内的尖端学科、尖端领域之间存在密切联系，实现协同发展、优势互补，不仅对学科领域的创新发展大有裨益，同时也对学生国际视野的开拓、创新能力的培养提供很大帮助。

5.鼓励交流互动的教学组织形式

研究讨论、演习、讲义是东京大学主要采取的教学组织形式。"讲义"类似于我国的"大课"，其教学对象是较多的大学生，授课老师对其进行知识点讲授以及答疑解惑。一般情况下，"讲义"都会有教材，不过授课老师也将每节课的补充资料发给学生，所以，"讲义"的授课内容较为广泛，不仅仅囿于教材。"研究讨论"课和"演习"课则与"讲义"课有所不同，其通常为小组教学、小班授课，教学过程中对教师与学生之间的互动交流更为注重，对学生进行鼓励与引导，使其能够在课前、课中、课后进行独立思考，展开自主研究，从而令多方面能力得到提升。在"演习"课与"研究讨论"课中，学生会按小组围坐一起，主讲学生进行约30分钟的发言，当其发言完毕后，其他学生针对其发言内容进行提问。在这一过程中，每一名学生都有成为主持人、发言人、点评人的机会。学生在课前必须围绕该课主题对大量资料进行查阅，确保准备充足，所以，在课上时，他们也会踊跃、积极地进行发言。

在整个教学过程中，主要是由学生探讨、研究该课主题，教师所要做的是进行适时的引导、点评，总结学生的探讨结果，对进一步深入研究方向予以指出。在课堂中，教师能够对启发性、参与性、研究性教学进行充分实施，学生也能更好地彰显自身的主体地位。

6.实行尊重师生的教学管理模式

以学生、学术发展为本及"教授治校"是东京大学教学管理模式的特点。东京大学之所以能够对高水平学术质量进行维持，主要是其对学生学习与教授教学的权利予以尊重。在教学管理上，东京大学的教师与学生自治权较高，在对教学事务的决定方面，他们也有着较高的自由度、较重的话语权，而这些也都源于学校尊重学术发展、尊重教授权利。在东京大学，各院系有着较少的专门从事管理的行政人员，因而在管理中，教授处于主导地位。教授做出的行政决策，基本都是立足于学术发展角度，服务于科研与教学。在上述管理模式的作用与影响下，东京大学的学术自由与教学质量自然有着充分而坚实的保障。

二、国外高校人才培养模式对我国的启示

国外高校有着各具特色的人才培养模式。但究其本质，它们都有一定的共性和倾向，可以归纳出一些具有规律性的特征，这也正是我国高校改革所需要吸收的精华和经验。通过总结国外一流大学人才培养模式的主要特点，可为我国进一步完善一流大学人才培养模式提供借鉴。

（一）重视更新人才培养理念

纵观国外一流大学的人才培养理念，其发展过程伴随时代的发展步伐，持续更新、调整。从社会经济发展所需角度出发，美国的一流大学不断调整自身关于培养人才方面的理念。在殖民地时期以及建国初期，其不具备高发展水平的生产力，也不具备发达科技，有着比较粗犷的社会分工，所以没能明确地对专业技能、专业知识提出要求，大学教育对传统的自由教育予以遵循，对"通才"培养以及"绅士培养"进行强调。而步入 19 世纪后期以后，由于科学技术不断快速发展以及工业革命的深化，社会中出现了越来越专业化的分工，美国一流大学也开始对具有专业知识、专业技能的实用型人才培养予以重视。然而，因此导致了"过于专业化"倾向的产生，这也让很多教育家以及大学校长深深反思。到了 20 世纪中期，美国一流大学将自由教育理念结合于专业教育，力求对有教养的、全面发展的人进行培养。步入 20 世纪 80 年代后，知识经济的端倪初步展露，在社会经济发展中，科技的创新以及知识的增长发挥着越来越重要的，不容忽视的作用。置身于知识经济时代，一流大学也被推促着对创新型人才进行培育。美国一流大学在自身人才培养理念中映射入创造力，有机结合创造力的培养、自由教育与专业教育。当然，不只是美国一流大学，日本东京大学、牛津大学、英国剑桥大学等，在不断调整、更新自身在培养人才方面的理念后，都将对学生创造力的培养作为主要内容。立足国际比较层面，不难发现，如今国外一流大学改革个性化人才培养模式的主要理念，都是以对学生创造力的培养为主，可以说是不约而同。

（二）积极改进专业设置模式

对于专业设置模式而言，国外一流大学对学生个性差异的适应更为重视，设

计并改革了多方面内容，如设置空间、时间、方向、口径等，从而灵活设置专业。国外一流大学对专业口径、方向的拓宽更为重视。例如，在牛津大学的课群（专业）中，将近一半都是交叉学科课群。再如，慕尼黑大学，同样对专业口径的拓宽十分重视，慕尼黑大学的工程专业中所涵盖的学科，比工科、理科范围还要广泛，对社会科学领域以及人文学科也有广泛涉及，因此，慕尼黑大学所培养出的工程师，往往具有开阔的社会视野和宽厚的专业基础，并以此闻名。从专业设置的时间以及空间上来看，当学生入学之后，国外一流大学通常不会急于对其进行专业教育，而是会先开展通识教育，让学生对课程进行广泛选修。学生在学习长达一年半甚至两年后，能够充分地了解、理性地认知自己希望就读的专业以及自己的兴趣方向与领域，这样才能对专业进行确定。假如学生对专业进行选择后，发觉该专业并不适合自己，也不必硬着头皮就读，而是有充足的自由对专业进行重新选择。除此之外，由于有的学生认为自己的兴趣无法被自己所学的专业满足，很多大学还为这类学生提供机会，使他们能够对专业进行自主设计，从而对学生个性化的学习需求进行充分的满足与尊重。

（三）不断优化课程设置方式

在课程设置方式上，国外一流大学有着如下共同趋势，即强化开发、建设通识课程，注重学科交叉的促进。国外一流大学对开设交叉学科课程分外重视，其中，有的大学对跨学科选修提出要求，如东京大学的基础实验课程及综合科目课程等，在提出对创新人才进行培养的理念后，在对个性自由、和谐、全面发展的促进方面，在为发展创新人才奠定扎实基础方面，通识课程都发挥着重要作用，并越来越得到人们的重视。国外一流大学对开发、建设通识课程的力度方面都进行了强化，通过对国外一流大学的人才培养模式进行分析与研究，我们可以认识到，对于一流大学来说，一流的通识课程是必不可少的。在此，我们以哈佛大学的核心课程为例，其曾经在改革美国通识课程方面起到引领作用。此外，从整体课程结构方面，国外一流大学都采取了一系列调整、改革举措，如对自由选修课、专业选修课进行增加，对专业必修课进行减少等，从而对课程结构进行更深优化，对学生个性化的学习需求予以满足。

（四）注重改革教学制度体系

在人才培养模式的构成要素中，教学制度体系所占地位非常重要，对于人才培养质量的提升而言，对先进的、科学的教学制度体系进行构建有着不容忽视的意义。国外一流大学在创新、优化教学制度体系方面都十分重视，不仅对弹性学制、学位制、学分制等较为常规的教学制度进行完善，更注重自身优势与传统的结合，将极具特色的教学制度建立起来。例如，东京大学构建的"分流制"，牛津大学、哈佛大学构建的"导师制"以及慕尼黑工业大学构建的"实习制"等。通过对国外一流大学构建的创新教学制度的特点进行总结，不难看出，其最终目的是相同的，那就是对学生之间存在的个性差异进行适应，从而真正实现因材施教，通过对学生在学习、研究中的能动性、主动性进行激发，对学生的主体性进行培养，进一步提升学生的创造能力。

（五）加大力度创新教学组织形式

对于大学教学来说，一定要避免陷入固化模式之中。那些对培养智力行之有效、大有裨益的教育，往往采用的都是个性化的形式。国外一流大学对教学组织形式的创新都非常重视，极力强调构建这样的教学组织形式——以探究与发现为核心。国外一流大学不仅在大班授课形式中对师生交流互动的机会予以探索增加，对学生进行鼓励与引导，使其主动地、积极地参与教学之中，从而将学生的主体地位凸显出来，同时，还对小班（小组）教学形式进行积极创新，对个别教学形式充分进行探索，从而创造条件，更好地发现学生个性优势、适应学生个性差异、促进学生个性自由发展。现如今，国外一流大学基本都创建了小班教学形式，该教学形式以小型研讨班为主。如剑桥大学、牛津大学等个别有条件的大学，还始终采用规模更小的导师制。小型研讨班授课形式，主要让学生进行自主探究、独立思考，辅以导师的引导，在学生自主发现、研究、解决问题的能力培养方面大下功夫。

（六）深入改革教学管理模式

在人才培养质量的提升、教学质量的提高以及教学管理水平的增强方面，灵活而高效的教学管理模式是不容忽视、必不可少的。为进一步推进教学的民主化进程，国外一流大学专门对管理、服务平台进行搭建，以更好地实施个性化教学。国外一流大学高度重视创新、改革教学管理模式。例如，巴黎高等师范学院有着颇为灵活、开放的教学管理模式，对学生自由学习的需求以及教师学生跨学科教学研究的需要予以满足；再如，慕尼黑工业大学将研究所作为自己的基本教学行政单位，对产学研一体化人才培养要求予以满足。为将灵活而高效的教学管理模式构建起来，国外一流大学在专业课教学方面，往往会下放教学管理权力到院系一级，而在通识课程和交叉学科课程方面，则在大学一级建立专门协调与管理机构，从而对教学质量以及课程开发水平提供保障。例如，哈佛大学的教学管理委员会，其专门负责开发、管理本校核心课程。在哈佛大学，全部核心课程都不是由专业院系开设，也并未附属于院系管理，而是由教学管理委员会组织全校优秀教师，单独进行开设。

（七）重视培育隐性课程形式

国外一流大学对人才培养模式进行构建、对创新人才进行培养的前提与基础是促进学生个性充分和谐发展。而在对学生个性充分和谐发展的促进上，隐性课程起到非常重要的作用，这种作用无法被其他教育方式、教育资源所替代。尽管在大学精神、历史传统、校园文化等方面，国外一流大学之间有着不同之处，然而它们却都侧重于充分利用自身独特条件以对隐性课程建设予以强化，对全校教育氛围进行营造，最终促进学生个性充分和谐发展。

不管是如哈佛大学、剑桥大学、牛津大学等有着悠久历史的老牌名校，还是建校时间较短的"后起之秀"，都对自身的优良教育传统极为珍视，通过对住宿学院制、导师制以及多彩的校园活动、优良的校园文化进行利用，全方位引导学生课外生活，从而与课堂教学形成合力，帮助学生实现非智力因素与智力因素的全面发展。此外，还有一点非常重要，那就是学生在和导师密切沟通交流的过程中，可以接受导师人生观、价值观以及科学精神的熏陶，从而更好地培育自身优良人格品质。

（八）注重完善教学评价方式

国外一流大学立足传统评价方式，对新的评价方法不断进行探索，从而推动评价方式摆脱单一，变得更加多元，更好地实现创新人才的培养目标。国外一流大学在评价范围上，调整了对结果评价过于重视的倾向，并在评价范围中纳入过程评价，通过课程论文、随堂测验、课后作业以及课堂表现等形式，更全面地监测学生学习过程。而在评价目的上，国外一流大学对评价调控、矫正、反馈教学的功能十分重视。例如，哈佛大学在课堂教学中鼓励学生对教学效果及时反馈，不仅使学生自我评估能力得到提升，也让教师的教学质量得到提高；再如，普林斯顿大学计划对阶段性评价机制进行构建，从而对教与学的效果进行及时反馈。国外一流大学在评价依据上对考查学生实践能力、创新思维更为重视，而在评级方法上，其不仅通过考试评价学生，还通过多种其他方法，如社区评价、成果展示、口试答辩、提交论文、实践操作等对学生进行评价。

第四节　新时代我国高校人才培养模式探索

一、树立科学的教育思想观念

进入 21 世纪，科技突飞猛进，信息量爆炸式增长，只有树立新的、科学的教育思想观念，高校培养的人才才能跟得上时代的要求，从而实现人才培养的初衷。人才培养机制的思想观念主要是指一所高校所包含的有利于人才发展的培养目标、办学理念、学校精神、校园文化等，它是人才培养的灵魂。而人才培养观念直接影响高校人才培养结果，它是决定高校是否能够建立人才培养模式的关键因素。

高校在构建人才培养模式时应将学生应用精神的培养融入高校教学理念，从而在教学中形成良好的应用学风。另外高校人才培养模式的构建还需要坚持知识、能力、素质的辩证统一。

从某种意义上来讲，知识包含多方面的内容，如科学文化知识、学科专业知识以及相邻学科知识等等，它是能力和素质的载体。当前大部分高校对相邻学科方面知识的关注程度并不是很高，在教学中需要加强对学生相邻学科知识的传授。

能力的形成与提升需要相应的客观条件，它通常情况下是建立在一定的知识基础上，后经过不断的实践锻炼而形成。在某种程度上来讲，知识可以促进能力的提升，能力同样有反哺作用，随着能力的提升人可以获取更多的知识。通常情况下能力涉及的内容较多，如知识获取能力、知识运用能力以及知识理解、反馈能力等。当前大部分高校在实践能力培养方面存在诸多问题。

素质的形成是建立在先天生理的基础上，并通过后期教育以及参加各种社会实践活动最终形成较为稳定的身心发展的基本品质。素质的提升可以提升知识和能力的运用水平。新时期高校在培养人才时，务必要坚持知识、能力、素质的辩证统一，积极开展素质教育，以此培养出适合 21 世纪社会发展需求的人才。

二、构建制度机制

（一）评价机制和选拔机制

1.建立多元化考试制度

考试制度应突出考查内容的多元化。

首先，我们在对学生综合能力进行考察时，应从多角度进行，切勿以偏概全。例如，学生对知识的理解程度、学生知识面的宽窄、学生的创新精神、学生的实践能力等。这样不仅考察了学生的记忆能力，也在一定程度上考察了学生分析问题、解决问题的能力。

其次，采用差异化的考核方法。这就要求我们对不同的专业、不同的层次水平以及不同专业的学生采用不同的考核方法。在考核中切勿单凭一张试卷的成绩给学生定性，而是将学生日常学习情况、对于所学知识的应用情况、跨专业知识的学习情况、按权重列入学习成绩中，把学生通过自学获取的知识、由创造性学习获得的知识采用附加成绩的方式纳入学生的学习成绩中。在考核中创新考核方法，利用多次考核与多方式考核相结合的方法，激励学生跨学科发展。

最后，奖学金的评定、优秀学生的选拔以及研究生的推荐都在一定程度上体现了人才培养的要求，应加强此方面的激励和政策导向作用。

2.改变现有观念

旧的教学观念不利于高校创新人才的培养，所以需要对其进行改变，在人才培养过程中给予他们充分的认可与尊重。当下，人才具有一定的个性特征，他们对发散思维、聚合思维、求异思维、逆向思维等方面情有独钟。另外，他们在未知领域有较强的探索欲望，同时对事物的发展规律有较高的洞察力。他们敢于挑战困难，具有较强的批判精神。

这类人才对于其他领域的知识有较强的学习能力。现有的评价制度难以综合评价出学生的真实能力，容易导致其他人对这类人才产生误解，其结果有可能会挫伤学生的勇气和信心，从而压抑其潜能的发挥。所以要建立一种适合人才发展的制度，使人才能够充分展现其真实的水平。

3. 建立弹性教育制度

高校在构建人才培养模式过程中，还应当建立弹性的教育制度，为具有跨学科学习能力和跨学科应用能力的人创造良好的发展空间，所以高校要加强高校制度化建设，提升高校管理水平。通常情况下，教育制度化标志着教育发展水平逐渐成熟，但是教育制度化程度越高，其弊端也就越大，这主要是由于教育制度化与标准化相辅相成。一般情况下教育的筛选标准、教育的内容以及教育评价标准具有一致性，我们不能否认教育的标准化对教育发展的促进作用，但是也应当看到其弊端，从某种意义上来讲，标准化就是平均化，而人才的培养并不是各个要素之间的相加。目前高校还未形成一套行之有效的人才选拔标准，所以高校需要建立弹性的教育制度，为具有特殊才能的人创造良好的发展空间。比如，可以将应用能力的考核成绩、跨学科学习的成绩折算成学分。

（二）教育教学管理机制

1. 建立复合型应用教育和跨学科学习的教学机制

当今社会是一个知识爆炸的时代，企图了解、掌握所有的知识可谓是天方夜谭。因此，怎样打破学科壁垒，整合所学知识，怎样使学生获取较多的有用的知识，怎样使学生更好地应用所学知识，显得更加重要。根据这样的知识观，高校在学生教学中应注重培养学生应用知识解决问题的能力和主动探究的精神。学生经常遇到的困惑是，不知道如何将自己所学习到的理论知识应用到实际问题的解决中去。因此，在教学过程中教学方法应以提问和启发为主，教学重点要放在对学生应用能力的培养上，同样教学评价标准也应进行一定的变动，将应用实践能力作为教学评价的主要指标；除此之外，还要对考试考核的目标进行调整，虽然还要考核学生知识的掌握情况，但是它不再是考核的重点，其考核重点为学生知识的应用意识及跨学科知识的培育。

2. 建立以人为本的教育管理机制

随着教育改革的深入开展，以人为本不仅受到人们的重视，同时也成为现代教育的价值核心。以人为本教学理念侧重于人本身的发展，它将个体与社会的发展统一起来，将人的全面发展与人的个性发展统一起来。另外，以人为本教育理念还将个体的人文精神和科学精神统一起来。在这样的教育理念下，个体的智能得到全面发展，不仅可以在这个风云多变的社会做出正确的决定，同时也可以创新创业。管理的直接目的是为了将事情做得更好、更完美，并为管理对象提供良好的服务。然而理想与现实往往相反，在管理制度建立之后，管理者便会要求管理对象的行为符合规章制度，同时还要求管理对象服从管理者。在实际管理中，管理者为了减少不必要的麻烦，往往忽视一些超常规的需求，这在无形中使管理发生了变质，由"管理为人"变成"人为管理"，在这种情况下人们追求应用能力和跨学科学习的动力将会受到一定的掣肘，所以我们应当建立一个以人为本的教育管理机制，为高校人才培养提供制度保障。例如，推进学分制度改革、完善计算机网络教务管理与服务系统、营造良好的人才培养环境、优化教学资源配置等。

3. 建立有利于应用的教学实践机制

实践在高校教学中十分重要，它不仅是学生应用知识的过程，同时也是高校人才成长的必由之路。自古至今，无论是何种发明都来源于实践，同时也需要经过实践的检验。我国自古便十分重视教育，而知识教育则是我国教育的主要内容，这种教育理念为我国知识文化的传播起到了积极作用，但是过度重视知识的传承，会在无形中压制学生应用素质的培养。从根本上来讲，我国传统教学模式过于重视理论教学，缺乏实践教学，这在一定程度上使学生应用能力的培养失去了基础。通常情况下，学生的应用能力不是通过教师教授而习得的，它需要学生积极探索，这样应用知识的能力才可能成为自身品质的一部分，这主要缘于理论和实践属于两个完全不同的范畴。其中理论属于主观范畴，而实践则属于客观范畴，二者是对立统一的关系。一般情况下，如果理论和实践出现不一致时往往会产生新的知识，为此高校应为学生创造一定的实践活动空间，增加学生参与实践活动的机会。

在高校教学中，我们应当充分重视实践教学，并在此基础上不断提升学生的实践能力和应用能力。首先，对实验及实习等教学环节进行改革，增设一些应用性、综合性及设计性的教学内容，使实验和实习的教学手段更加现代化。另外，还要对教材不断完善。要让学生熟悉并学会使用本专业领域内新的仪器设备，加强学生对相邻相关学科设备的了解，为学生提供必要的帮助。学生应多接触社会，引导学生通过社会调查等方式加深对社会的了解。其次，高年级大学生应尽早参与企业实践活动，增强自身的应用能力，进而真正了解企业的需求，以加强对相关知识的学习。再次，加快产学研工作的开展。高校应加快产学研教学基地的建设，加强学校与企业、科研部门的合作。高校还可以加强毕业设计、毕业论文的管理，鼓励大学生从社会实践中选题，如深入企业对口部门，将自己的理论知识运用到企业实践之中，从中感受知识的价值，激发自身社会实践的积极性，进而提升应用能力。最后，高校可以开展各种社会实践活动，为学生提供更多的社会实践机会，让学生在社会实践中巩固自身的知识。

三、建设硬环境

通常情况下，高校人才培养环境的构建不仅需要创建相应的软环境，同时也需要搭建一定的硬环境。硬环境在高校人才培养环境建设中十分重要，它是人才培养的前提与基础，同时也是高校人才培养模式制度机制建设的客观条件。第一，高校在人才培养过程中需要一定的实验技术设施。通常情况下，实验技术设备主要是为了提升学生的应用能力，如实验室、创新研究基地等。高校要高度重视学生应用能力的培养，不仅要将其列入教学计划，同时也要积极鼓励学生参与课外应用创新研究，同时对参与课外应用型创新科技活动的学生给予一定的活动经费和物质支持。第二，高校应当为学生提供应用创新研究的学术交流场地，从而为学生创建一个良好的学习交流氛围，使他们的思想在交流中碰撞出智慧的火花。然而目前部分高校并没有完善的学术交流中心，从而制约了高校人才培养的进程。第三，高校还应当为学生提供应用型创新研究的信息渠道，为学生参与应用型创新活动提供良好的保障。

四、调整培养方案

（一）课程教学

1. 调整课程结构

就教学课程结构而言，高校应进一步调整并完善课程结构，对当前单一的课程体系进行深入改革，使其朝多元化方向发展，如增设应用能力培养、综合素质教育等方面的课程。另外，还要改变每门课程自成体系的现状，从整体上对课程结构进行调整，增设实验课、实践课等动手能力强的课程，不断提升学生的实践能力。

2. 优化课程设置

从教材内容角度来看，高校课程设置应遵循"少而新"的原则，同时课程设置也要突出重点、难点。高校课程设置不仅要有助于培养学生的自学能力，同时也要有助于开展课堂讨论。高校在进行课程设置时，还要考虑课程的基础性和综合性，同时也要保证课程具有一定的开放性，从整体上做到课程优化。另外，高校在优化课程设置过程中还要改变传统观念，将选修课和必修课放在同等重要的位置，进而增加高校人文素质教育的权重。高校还应增加实践课课程在所有课程中的比例，在教学中注重培养学生的思维能力，并将应用能力的培养融入课程教学中。

3. 改革教学内容及方法

（1）改革教学内容

在教学内容改革过程中，我们应当对传统的做法进行适当调整，拓宽教学内容知识的覆盖面。与此同时，还要增加短课、选修课、思维方法课以及研究型课的比重，提升学生的应用能力。

在课堂教学上，要求所有课程教学都要兼顾理论知识和实践应用，提升应用能力培养的教学环节，结合教学课程的类型，引导学生撰写读书报告、小论文等，同时定期组织学生参加各种类型的社会实践活动。在专业知识传授过程中，教师要结合实际教学内容，为学生提供一些可以讨论的话题与内容，让学生在思考的过程中提升自身的思维能力和理解能力。另外，高校在改革教学内容时，还要进一步扫清教学应试教育留下来的弊端，通过科学合理的引导使学生养成良好的学习习惯。

（2）改革教学方法

在教学方法和手段上，要注重拓宽学生的思维。在汲取传统教学方法精华的基础上，加快高校教学方法的改革，让现代化教学方法逐渐成为知识与学生之间的桥梁，例如在高校教学中引入启发式教学法、案例法、讨论法、问题式教学方法等。在高校教学中我们应当要高度重视学生的个性培养，为此高校应采用因材施教的教学方法。由于受多方面因素的影响，如先天因素、后天教育环境等，每个人的素质构成会有所不同，为此在高校教学中应将培养学生个性发展作为重点，在尊重学生教学主体地位的基础上，提升学生的积极性，激发学生的学习潜能，另外注重学生个性化发展在一定程度上也可以为学生创造良好的发展空间，促进其全面健康的发展，这样才能培养出符合新时代社会发展需求的人才。

4. 完善学分制

高校还要积极完善学分制，不断完善学校教学环境，如扩大选课范围、增加选课数量，通过这种方式提升学生学习的主动性和灵活性，为学生个性化发展创造良好的空间。高校在完善学分制初期可从两方面进行：首先，推行学分认可制。在一定程度上放宽对学生转系、转专业的限制条件，为学生创造一个个性化发展的空间；其次，实施弹性学制，使学生获得自由的学习时间。高校在实施学分制的前提下，让学生在一定的时间内完成培养方案中所规定的学习课程。另外，高校还应对专业进行细致划分，具体分为若干个学科大类，在教学前期主要以基础教育和通识教育为主，而在后期则以跨学科学习和宽口径专业教育为主。

通过对知识进行分类，不断丰富、完善通识教育，将大学需要的基础知识不断优化、精简，将所有学生都必需的知识列入通识教育，采用必修的方式，对于专业知识则采取选修的方式，学生的毕业标准以固定的必修学分和选修学分为依据。这一模式的优势在于，学校将不再需要按学科招生；学生入学后，对于所喜好的专业可以自由选择学习，这有助于各类人才的培养。无论是研究型人才还是应用型人才，在这种模式下都可以得到培养。在现阶段，可以采取主修、辅修相结合的培养模式，主修本专业，辅修其他专业，按照学分记录成绩。

（二）科研项目

高校在培养创新型人才时，需要加强人才科研意识、科学素质以及科研能力的培养。但我们需要注意的是，人才的科研意识、科学素质以及科研能力很难通过课程学习来形成，在教学过程中我们需要加强对学生科学涵养的培养。

第一，对现有的实验教学方法进行改革，使其有助于学生独立自主地进行科学研究。例如，在物理、化学等学科中，我们可以按照基本训练、综合训练、设计实验、专题实验几个方面来培养学生的能力，与此同时在教学中，我们可以将部分实验设计为自选型的应用、设计实验，将实验的主导权交给学生，让学生自已制订实验方案，并在此基础上完成实验。

第二，高校也可以在资金上给予学生一定的支持，鼓励学生进行科学研究。例如，每年在学校设置一定的科研项目，同时每个科研项目下分别设置相应的经费补贴，激发学生投入科学研究的热情。另外，每个院系还要指定具有丰富科研经验的教师作为学生科学研究的指导老师，并在其带领下组建课外科研小组，带领学生开展各种科研活动，培养学生的团队协作精神。

第三，针对高年级的学生，学校可以让他们直接参与教师的科研项目，并鼓励优秀的教师直接参与课题的制定，学生在教师的指导下进行相关科研训练。学生直接参与教师科研项目研究，不仅可以学习一定的科研方法，提升自身科研能力，同时也可以在无形中培养学生严谨求实的科研精神。另外，让高年级学生介入教师科研项目，还可以将本科与研究生阶段的学习衔接起来，使学生尽早接触学科前沿知识。

（三）专业实践

1. 针对一些重要的学科竞赛创建相应的实践及实习基地

学科竞赛在高校教学中有十分重要的作用，它不仅可以提升学生的动手能力，同时也能培养学生的应用精神。目前大部分高校每年都会举行各种学科竞赛，如大学生电子设计竞赛、大学生数学建模大赛。大学生如果想要在这种大型的学科竞赛中获得理想的比赛成绩，单纯依靠某一学科专业知识和能力是远远不够的，良好比赛成绩的获得需要多方面的知识。通常情况下，这种比赛都是让学生自行设计完成，这些比赛对培养大学生的创新能力、团队协作精神、实事求是的科学精神都有十分重要的意义。另外这些学科竞赛在一定程度上也可以提升学生理论联系实践的能力，提升学生解决实际问题的能力。因此各个高校应当投入一定的资金来完善学校的实验器材、仪器设备等，从而为学生参与学科竞赛提供基本的训练环境，进而让学生在学科竞赛中获得优异的成绩。

2. 产学研相结合，投资建设一批创新实验基地

高校在人才培养过程中，还需要加大产学研创新实验基地的建设力度。产学研创新实验基地的建设旨在推动学校产学研教学的协同发展，在借助高校雄厚师资和学科优势的同时利用产学研创新实验基地来改善学校教学实验室环境，促进

高校教学实验室的发展，进而提升高校的教学潜力。例如，目前高校电子类实验室中所使用的实验箱品种繁多、价格不一，如果学校可以在这方面投入一定的资金，并以本校电子信息教学实验室作为依托，由专业教师和学生共同研发通信原理的实验箱及光纤实验箱，这不仅降低了学校采购实验箱的成本，同时也极大地提升了学生的创新精神和科学实验能力，另外学校还应鼓励教师和学生在现有实验箱产品研发的基础上，对其进行不断完善，并将其推广至同类院校。通过这种方式，学生的动手实践能力得到提升，对于提升学生学习的积极性和主动性有十分重要的作用。

3. 与企业紧密结合，为实践教学创造条件

产学研创新实验基地的建设对实现校企全面合作，改变学校人才培养模式具有十分重要的作用。产学研创新实验基地不仅可以促进高校实践教学发展，也可以在一定程度上提升企业的生产效率和经济效益。如果高校产学研创新实验基地的建设与发展得到企业的大力支持，学校产学研创新实验基地建设中的资金、学生实习、课题设计等问题都会迎刃而解。另外，企业还可以选派技术人员参与高校课程设置，科学合理地调整课程教学计划使其可以培养出更多适合社会发展需求的高素质人才。

五、完善教学质量监控体系

（一）建立相关制度

1. 建立教学检查制度

高校每年可开展三次的教学检查，如开学初期、期中、期末，且每个时期的教学检查内容有所不同。在开学初期，主要检查教学的准备情况；期中，主要检查的是教学的运行情况；期末，主要检查的是教学效果，其形式为期末考试。虽然教学检查工作只是例行工作，但是检查内容也不尽相同，例如期中教学检查工作，它需要对教师的备课记录进行评价，同时也会开展教学经验交流活动，学校领导也会深入课堂观摩教师讲课，从而全面了解教学的开展情况，并及时纠正教学中出现的问题。

2. 建立教学督导制度

一般情况下，高校教学监督可以分为两级：校教学督导组、院教学督导组。

首先，校教学督导组的成员主要是由学校各个院系中的优秀教师组成，他们不仅治学严谨，而且教学经验十分丰富。其次，院教学督导组则是由院系优秀教师组成。教学督导员会不定期深入课堂了解教师的教学情况以及学生的学习情况，并对教师提出指导性的教学意见。另外，教学督导员也会参与巡视毕业论文的审查，同时对学校和院系的教学工作进行相应指导。

3. 建立学生评教制度

我们可以从三个方面建立学生评教制度。第一，开展全员评价。让所有的学生对任课教师的教学情况进行评价；第二，完善实测操作规范。高校应不断完善实测操作规范，最大程度上降低实测的误差；第三，全面处理评价信息。高校在处理评价信息时，应从多方面、多角度、全方位出发，提升评价信息反馈的针对性。

4. 建立干部、教师听课制度

高校干部、教师听课制度的建立与完善，需要学校干部和教师的通力配合，即学校干部、教师要不定期深入课堂听课，同时还要规定其最低听课次数。

5. 建立学生信息员制度

聘请学校学生担任信息员，通过他们收集的全校教学情况来了解全校教学工作的开展情况。同时通过他们掌握学生对学校教学工作的意见及建议，另外通过学生信息员制度拉近学生与学校教务处的距离，及时解决学校教学中存在的问题。

6. 建立青年教师教学竞赛制度

学校还需要针对青年教师，建立教学竞赛制度，并在学校定期举行青年教师教学活动竞赛。在校青年教师经过院系的竞争选拔之后，代表院系参加学校总决赛，学校对比赛中获得较好成绩的青年教师颁发证书和奖金，并将其作为青年教师职称评选、薪资晋级的标准之一。通过建立青年教师教学竞赛制度，可以在青年教师中形成"学、赶、比、超"的氛围，这对推动高校教学改革以及提升高校教学质量有重要的作用。

7. 建立毕业生跟踪调查制度

高校还应加强对本校毕业生的关注度。一方面，高校教务处应积极开展毕业生的跟踪调查工作，了解毕业生在现有工作单位的工作情况，同时也要了解用人单位对毕业生的评价，此外进一步了解用人单位对大学人才培养方面的建议。另一方面，每隔三年进行一次毕业生跟踪调查，了解社会人才需求情况，为高校课程改革以及人才培养模式的完善提供依据。

（二）教学质量监控

第一，对教学质量的监控要做到全面性，无论是直接影响教学质量的因素，还是间接影响教学质量的因素，我们都应当进行相应的监控。例如，教学管理水平、学生食宿等。第二，对教学质量的监督要做到全过程性，从横向角度来讲，学校不仅要关注课堂教学，同时也要加强对学生课外学习的监控。从纵向角度来讲，对学生的监控要渗透到学生入学之日至学生实习、毕业整个期间，做到全方位的教学监控。第三，教学质量的监控需要全员参与，其中既包括学校高层管理人员也包括教师和学生。高校教师和学生不仅是教学质量监督的主体，同时也是教学质量监督的对象。第四，应采用科学、合理的教学质量监督方法，同时还要确保教学质量监督方法的多样性，只有采用多样化的监督方法，才能获得比较全面的教学信息，然后进行全面的分析，制定相应的解决方案。

（三）考核与评价方式

首先，建立相应的教师授课质量评价制度。高校应对所有在教师建立相应的教师质量档案，具体上来讲质量档案主要由领导听课意见、专家评课意见、学生评价分数三部分组成。在教师授课质量评价制度环境下，需要安排学校领导以及专家每学期不定期听课，与此同时结合学生对教师教学质量的评价，对教师的授课质量做出综合评定，并将其评价结果作为教师评选、考核的依据。

其次，建立院系教学工作评估制度。学校每个学期组织开展一次院系教学评估活动，对那些在教学工作中表现突出的院系进行表扬，同时给予他们证书和奖金等奖励。学校开展院系教学评估活动可以在一定程度上提升院系领导对教学工作的重视程度，从而提高高校教学质量。

再次，建立教学信息反馈制度。高校要认真对待各种渠道收集的教学信息，并将这些教学信息以文件、学校媒体、电子报告等形式反馈至相关院系或学校部门，相关院系和学校部门在收到教学意见反馈之后应及时处理解决，有必要时学校可以直接召开教学信息反馈会，督促相应院系和部门及时解决问题。

第三章　新时代高校人才培养与人才创新

本章从新时代培养创新型人才的意义、我国创新型人才培养的制度优势、高校人才创新的目标和方法、新时代大学生创新能力的培养四个维度出发来阐释新时代高校人才培养与人才创新。

第一节　新时代培养创新型人才的意义

一、培养创新型人才是建设创新型国家的需要

人在社会活动的地位是其他任何事物都无法取代的，如科学技术，它是人类创造性活动的产物，所有的科技创新活动都来源于人，为此人才的重要性不言而喻。我国想要成为世界科技强国，务必要打造一支实力雄厚、结构合理、素质优良的高素质人才队伍。在调动科技人才积极性的同时，要尊重他们的创造精神，并激励他们将创造精神付诸实践。

（一）中国人才发展的状况

从根本上来讲，创新型国家建设的关键在于人才，我们可以将其称之为创新型国家建设的第一资源。接下来我们来了解下我国的人才积累与储备的情况。

人类发展指数中的教育指数是联合国用来衡量一个国家、地区基础性人才培养的指标。人类发展指数是一个测量人类发展的综合方法，它主要囊括健康、教育、收入。通过对各个国家地区健康、教育及收入三个指标进行标准化分析，从而得出 HDI 值，即人类发展指数。在使用这种计算方法时，首先需要计算出该国的成人识字指数以及小学、中学、大学的综合毛入学指数，然后结合这两个指标

计算出该国的人才数量指标。我们需要了解到成人识字指数的权重为 2/3，综合毛入学指数的权重为 1/3。

按照联合国在 2019 年发布的年度人类发展指数报告中显示，全球平均人类发展指数为 0.728，中国人类发展指数为 0.758，在平均数之上，排名第 85。

2010 年联合国计划开发署发布了《人类发展报告》，该报告将健康、教育、收入三因素作为衡量人类发展状况的指标，对世界各国的发展状况进行了全面分析。在此次报告中，中国的人类发展指数在全球排名 89，比 5 年前上升了 8 位，然而其上升的主要原因在于 GDP 的增长。如果单从 GDP 增长速度的角度来看，中国是世界人类发展指标增长速度最快的国家之一，然而从健康或教育的角度来看，中国人类发展指标增长速度十分缓慢。这份报告从侧面提醒中国在发展经济的同时，一定要关注公民健康和教育的发展。从以往社会发展经验来看，经济的增长无法直接改善公民的健康和教育状况。

（二）中国创新型人才发展的现状

创新型国家的建立离不开自主创新能力的提升，而自主创新能力的提升又依赖于创新型人才的培养。

虽然目前我国在人才培养方面取得了一些成绩，但是我国依然缺乏创新型高素质人才，尤其是那些在某一领域可以带领团队开拓创新的人才。同时，我国的顶尖人才、大师级人才以及高端人才也十分匮乏。

此外，目前我国科技型人才的整体基数较大，但是顶端级别的科技人才十分匮乏，尤其是缺乏世界级科技人才。

当前，大部分的科技发明专利均掌握在发达国家，科技在我国经济增长中的贡献率明显不足。随着综合国力竞争形势的加剧，创新能力将成为决定国家经济发展、社会安定的关键因素。

对此，我们不禁遗憾没有培养出像爱因斯坦这样一流的理论科学家，也同样没有涌现出像比尔·盖茨一样靠技术创新做出巨大成就的杰出人才。

（三）创新型国家建设的任务

目前我国的科技水平与世界发达国家仍有不小的差距，同时与新兴工业国家的科技水平也有一定的差距，尤其是在关键技术、发明专利等方面，科技人才、科学研发、科技投入等均是当前急需解决的问题。而这一切问题的根源在于人才的培养，所以建设创新型国家，加快科技创新脚步的关键在于人才培养，尤其是创新型人才的培养。如果一个国家的创新型人才匮乏，那么建设创新型国家则是一句空话。

当前我国建设创新型国家也具有了一定的条件。第一，自新中国成立之后，经过多年的努力，我国积攒了一定的实力，并建成了完整的科学技术体系，这为我国创新型人才的培养打下了坚实的基础。第二，我国拥有充足的科技人力资源以及研发人员数量，这为我国跻身进入创新型国家提供了强有力的保障。第三，目前我国的科技实力已经今非昔比，如航天技术、纳米技术以及生物技术等。第四，我国是一个历史文明古国，中国传统优秀文化中的辩证思维、集体主义精神等为我国未来的创造创新提供了多样化的路径。

总而言之，加强人才培养是目前我国急需解决的主要问题之一。第一，重视基础教育的发展，为创新型人才培养打下坚实的基础。第二，将培养创新型人才作为我国人才培养的重点方向，努力培养出一批德才兼备、技术一流、具有较强国际竞争力的科技创新人才。第三，采取多样化的方式培养高层次的科技创新型人才，如国内锻炼与国际交流相结合、加强梯队建设与团队建设等。第四，充分调动一切可以调动的力量，积极发挥人事、科技等部门以及企业的职能作用，推进创新型人才基地的建设，为创新型人才培养创造良好的教育环境。

二、培养创新人才是构建和谐社会的需要

如果一个国家或地区的成员丧失创新的活力，抑或是整个社会丧失前进的动力，那么这个国家或地区将会长期处于停滞发展的状态，社会也就不会存在真正意义的和谐。想要构建和谐社会，务必要调动每个社会成员的积极性和创造性，提升社会的活力，让一切创造财富的因素流动起来，进而在物质和精神上满足人的需求。但是如何才能使整个社会充满活力呢？这就需要调动全社会成员的创造性，并充分尊重他们的创造成果。

（一）让一切有利于社会进步的创造愿望得到尊重

从某种意义上来讲，创造愿望是一种十分可贵的愿望，它包含了永恒创造的动力。当前，国家提出了尊重一切有助于社会发展进步的愿望，这是对人创造力的解放。随着社会经济和思想的进步，人逐渐破除迷信，对新鲜事物有较好的接受力，换句话来讲，人具有了一定的创造精神和愿望。在历史唯物主义观点的环境下，人民群众是社会创造力的动力，是创造的主体。充分尊重人民群众的创造愿望和创造实践，并从中总结各种经验和智慧，这才是中国共产党提升创造力的源泉。所以，新时期我国要积极鼓励人民群众破除旧的思想观念，勇于创新。与此同时也要积极了解人民群众的创造愿望，使他们的创造愿望得到尊重和满足，引导人民群众参与到社会发展之中，实现其自身的社会价值。

为此在社会发展中，切勿以工作类型来判断一个人的高低，不管是脑力劳动者还是体力劳动者，只要他们有创造愿望，他们的工作就是光荣的，是值得尊重的。我们在尊重人们创造愿望的基础上，积极打造"百花齐放"的创造环境，并在全社会形成一种平等、宽松、活跃的气氛，鼓励人们提出新的观点和想法，并在法律允许的范围内进行讨论。从某种意义上来讲，一个国家的社会创造性的调动程度是其社会活力的标志。

（二）让一切有利于社会进步的创造活动得到支持

创造活动是最有可能对社会发展产生影响的劳动。创造活动主要表现为创造主体在创造动机和创造意识的作用下，在利用已知的信息的基础上，利用创造性思维和方法创造出一种新的且具有社会价值的东西，如新观点、新理论、新方法、新产品等。当前社会的竞争主要表现为科学技术的竞争，究其本质依然是人才以及创造力的竞争。加强对推动社会进步的创造活动的支持可以最大程度上保证和谐社会充满活力。

鉴于创造活动对社会发展有特殊的贡献，为此也应给予其特殊的支持。首先从政策层面来讲，针对创造活动应建立特殊的扶持政策及激励措施。例如，对那些风险较大、不确定性因素较多的创造活动，由政府牵头，社会参与建立的风险基金应给予更多的支持，鼓励人们进行创造性的探索。其次从制度安排来讲，建立并维系一个相对公平的竞争环境，以此来保障每个人的权利，使他们在这样的环境下可以充分发挥自身的聪明才智，积极开展理论、体制、科学技术等方面的创新活动，从而在保障人们既得利益的前提下，又为社会的进步与发展做出贡献。此外，支持创造活动还需要建立一种保护创造和爱护创造的机制，这主要是为了促进人们进行创造活动，允许他们在创造中失败，并宽容其创造失败。创造活动本身是一种对未知领域的探索，在探索过程中难免会遇到各种前所未有的问题和困难，所以出现失败在所难免。创造者在面临失败时的态度以及社会对创造活动失败的态度都在不同程度上影响了创造活动的最终结果。在全社会建立一种鼓励、关心、保护创造活动的良好氛围是对创造者进行创造活动的重要保障，可以无形中促使他们在失败中吸取教训、总结经验，最终完成创造活动。

（三）让一切有利于社会进步的创造才能得到发挥

充分发挥一切有助于社会发展进步的创造才能是体现社会活力的标志。从某种意义上来讲，创造才能是一种十分宝贵的生产力，它是创造者身上的一种创造能力。创造才能的发挥与利用，主要强调的是"人尽其才，才尽其用"，创造者将自身的创造能力转换为生产力，取得一定的创造性的成果，为社会进步与发展做出应有的贡献。

如何才能使人们的创造力得到最大程度的发挥，从宏观角度来讲，需要做到以下四个"尊重"：一是尊重劳动；二是尊重知识；三是尊重人才；四是尊重创造。在上述四个"尊重"中，尊重人才尤为重要，人才是最具创造优势的人群，充分尊重人才可以使其充分展示自身才能，增强社会创造活力。在社会发展过程中，我们需要树立人才重要性理念，并在人们心中植入"人才浪费是最大的资源浪费"的观念，从而扫除一切不利于人才创造的体制。目前现实社会中，有很多影响人才创造才能发挥的因素，如旧观念、旧体制等，在这样的环境下大部分人不轻易创造、不敢创造，这在无形中限制了人们的创造力，同时也影响了社会活力。在现实社会中，我们应大胆使用那些有创造性才能的人才，并按照他们的创造才能安排合理的岗位，同时在政治、生活、工作各个方面给予相应的关怀。我们也需要明白世界上没有一个人是完美无瑕的，越是有才能的人，其个性越强，他们的行为方式或许在世人眼中看似古怪，难以理解，所以社会应对他们有一个包容之心，如在大家不理解的时候，帮助他们解释，又或者当他们创造失败时给予一定的安慰等。但是我们还要清楚地认识到对创造性人才的包容之心，并不意味着对他们的纵容，对他们在创造中出现的问题，也应及时纠正。总之，在现实社会中我们要给予创造性人才相对的安全感，最大程度上减少社会对他们的干扰，使他们可以全身心投入创造活动之中。

（四）让一切有利于社会进步的创造成果得到肯定

从某种意义上来讲，创造成果是社会创造活动的成果，同时对社会进步发展有重要作用和意义，为此我们要对一切有利于社会进步的创造成果给予高度的肯定。在现实社会中，我们要建立、完善科学的创造成果评价体系和机制，从而确保科学创造成果可以受到客观的评价；在分配机制上，要充分体现创造成果的价值，将创造成果纳入生产要素参与分配；要尊重创造者的意愿，允许根据合同约定将创造成果以资本的股权或期权形式兑现报酬；应建立以政府奖励为导向、用人单位和社会力量为主体的奖励体系，充分发挥经济效益和社会效益双重激励作用，充分体现创造的价值；对经济发展和社会进步有重大发明创造的成果，应给予重奖形成创造光荣、创造伟大的示范效应；要建立健全创造成果的知识产权保护机制，切实保护创造主体对创造成果的权利，知识产权不明晰，则很难激发人们的创造积极性。所以，凡是侵犯创造者创造成果权利的，应依法严肃惩处，并充分发挥新闻舆论的作用，大力宣扬创造的成果，介绍创造者的贡献，包括典型推广，在全社会营造崇尚创造、尊重创造、支持创造的舆论氛围，让更多的人投身到创造中来。

第二节　我国创新型人才培养的制度优势

当今社会虽然处于相对和平的状态，但是依然面临新冠疫情等各种不稳定因素的冲击，同时世界局部地区也存在一定的冲突，国家之间的较量从未停止。从根本上来讲，国家之间的竞争是人才的竞争，而在人才竞争的背后又折射出双方制度的力量比拼。中国特色是我国创新型人才培养最大的特色，从具体上来讲党管人才是其制度优势，另外我国创新型人才的培养还受社会主义市场经济体制以及社会主义先进文化等方面因素的影响。为此在创新型人才培养过程中，我们应充分利用当前人才培养制度优势，并在人才培养上交出满意的答卷。

一、党管人才是我国创新型人才培养的最大制度优势

党管人才具有鲜明的中国社会主义特色，同时也是我国创新型人才培养的制度优势。在党管人才的制度环境下，我国创新型人才培养目标、方向得到进一步的明确，它不仅为我国创新型人才培养提供了路径，同时也为我国创新型人才培养提供了相应的制度保障。

（一）党管人才为创新型人才培养指明使命取向

在新时期，马克思口中的伟大人物主要指的是创新型人才。在当今激烈的国际竞争中，创新型人才对推动国家、社会经济的发展有积极作用，一个国家创新型人才培养和利用的水平越高，便会在国际竞争中占据优势。另外，创新型人才的培养与利用也关系到我国人才制度的完善，同时也对我国社会主义现代化建设全局产生重要影响。随着我国改革开发的深入发展，党管人才制度逐渐得到完善，并日益成熟，从根本上来讲，它是我国长期社会实践的产物，为我国创新型人才培养提供了制度保障。党管人才的目标是为了"多管"，做到宏观和微观的合理调控，同时党管人才的重点是为了统筹社会各个方面的力量，有计划、有步骤地落实创新型人才培养政策，最终为我国社会主义事业建设做出相应的贡献。从具体上来讲，可以从以下几个方面深入理解创新型人才培养的使命：第一，我国创新型人才培养的目的是为了服务国家和人民，为此他们应时刻牢记自己的历史使命，忠于祖国、勇于奉献，同时也要树立远大的人生理想，严格要求自己，充分发挥自身的智慧、才华，展现自己的人生价值；第二，创新型人才不仅要有牢固的专业基础知识，同时也要有精准把握科学技术未来发展方向的能力；第三，党管人才制度背景下，创新型人才还应具有较高的团队协作意识，在科技创新过程中可以调动一切可以调动的力量，并在科技创新领域取得关键技术的突破、创新；第四，创新型人才培养不仅要求创新型人才具有较强的创新精神，同时也要求他们坚持唯物主义，寻求客观事实真理，并将这两种品质有机结合起来。另外，创新型人才还应具有冒险精神，敢于打破传统观念的束缚，实现创新；第五，创新

型人才不仅善于运用辩证的思维方式，同时也要具有较强的科学思维能力，在科研创新中掌握制定科学目标的方法，与此同时，还要加强理论基础知识的学习，并在此基础上不断完善自身知识结构，全面提升自身科学素养；第六，创新型人才还应将科学家的精神融入科研实践之中，并在长期实践中形成独特的精神品质，换句话说就是将科学家精神融入创新型人才培养过程中。具体来讲可以从以下几个方面着手进行。（1）一片冰心向祖国。在创新型人才培养过程中，培养他们"心系祖国、服务大众"的爱国情怀，将自身所学的知识、技能投入祖国建设之中。（2）勇往直前为创新。在培养创新型人才时，务必要培养他们不怕艰难、不怕困苦、勇于创新的精神，从而在未来科技创新中夺得先机，为国争光。（3）千锤百炼只为实。创新型人才培养需要融入实事求是的精神，不可弄虚作假，在我国社会主义事业建设过程中，创新型人才只有经过各种磨炼，才能获得实的本质，从而为国家、社会做出贡献。（4）埋头苦干不为利。科研是一项历时长且枯燥的工作，为此创新型人才需要耐得住寂寞、扛得住压力，切勿为眼前的名利而迷失方向，当前我国正在逐渐完善创新型人才评价机制，同时鼓励他们养成埋头苦干的精神，努力为国家科研事业做贡献。（5）集智攻关能做成。创新型人才需要具有较高的团队协作精神，在科研创新过程中尊重每一位成员的实际贡献，集中团队的力量攻克科研难关。（6）甘为育人"铺路石"。创新型人才还要具有大公无私的精神，积极传播的本领，做到以先进模范的身份为国家培养一批批优秀的创新型人才。

（二）党管人才为创新型人才培养搭建服务平台

从具体上来讲，党管人才的总体引导方式为统一部署，并在此基础上构建党、政、企、事、个体五个方面共同开展工作的局面。在党管人才环境下，我国创新型人才培养进入了新的阶段，同时党的各种优势也融入创新型人才培养之中，如政治思想优势、组织优势以及密切联系群众的优势等，从而培养出具有中国特色，符合我国社会发展的创新型人才。在党管人才的背景下，我国为创新型人才的培养提供了更多的机会和平台。我们要认识到，党管人才并不是要把人才束缚于某一行业领域，而是要从全方面提升创新型人才的综合素质水平，如精神、拼搏、勇气等。党管人才为创新型人才的培养提供了更为广阔的人才培养平台，为我国创新型人才创造了更大的施展空间和机会，使他们可以将知识才能转化为创造成果。同时，在党和人民的期待下，我国创新型人才无形中获得了不断革新、不断完善以及不断自我提升的动力。在党管人才环境下，我国为创新型人才培养创造了良好的互动沟通平台。互动沟通平台建立的主要目的是为了吸引更多的创新型人才投入科技创新事业之中，从而实现创业载体的转型升级。目前科技园的建设就属于一种相对稳定的新型平台，它自身具有较多的特征，如信息联动、管理合理化、社区合作、专业合理等。除此之外，随着科技园的转型与升级，创业孵化器以及一系列的平台油然而生，如融资性平台、服务型平台等，这些都为我国创新型人才培养创造了更多的平台。

首先，服务性平台的建设。政府将创新型人才培养的各项规章制度公布出来，从而让创新型人才可以清楚地看到办事流程，尤其近年来我国各个地区开设的行政服务大厅，这在无形中简化了办事流程，同时也让创新型人才感受到国家对创新型人才培养的重视。除此之外，我国还创设了关于创新型人才的专业咨询机构，专门解决不同时期创新型人才培养中遇到的各种问题。

其次，投融资平台的建设与完善。创新型人才的创新离不开资金的扶持，尤其是创新活动的初期阶段。我国政府通过组织建设各种形式的投融资平台，拓展投融资渠道，扩大投融资群体，将社会资金引入创新活动之中，为创新型人才进行创新创造了良好的投融资环境。尤其是天使投资基金的建立，为创新型人才的培养和发展提供了资金支持。

最后，畅通产学研合作平台。产学研合作平台的建设需要建立在信用机制基础上，加强创新型人才之间的交流与合作，进而实现创新型人才知识、技能等要素的转移与创新，提升创新成果的转换率。

无论是以上哪种平台的建设与完善，都从无形中为我国创新型人才的培养创造了良好的环境，并为创新型人才提供了广阔的发展空间，提升他们的创新动力。除此之外，党管人才还要以创新作为驱动，为我国创新型人才的发展搭建更大的舞台，加快我国创新型人才的培养与发展。从具体上来讲，充分发挥党的引导作用，让学校、企业、个体等参与创新型人才的培养，加大对技术型创新型人才的培养力度。同时，还要运用多样化的手段完善制度、机制创新，另外也要不断实现模式创新和方法创新。

（三）党管人才为创新型人才培养加强政治保障

从马克思主义理论角度来讲，实现人的全面发展是人最高的价值追求，这也是创新型人才培养的最终指向。不同时期马克思主义学者均会对人的发展问题进行研究。党管人才的初心是为了实现人才的解放。所谓的人才解放主要指的是扫除一切不利于人才全面发展的障碍，为人才的全面发展创造良好的政策环境，使他们有施展自身才能的舞台。与此同时，解放人才还体现在以下几个方面：一是保证人才发展的政治民主化；二是确保人才个性独立化；三是实现人才才能展现化；四是人才经济富裕化。而最重要的是最终人才的个性化发展，发挥创新型人才的主体作用。

在党管人才的背景下，创新型人才培养同样设有相应的"政治底线"，在政治底线思维下，没有任何的特殊待遇。另外，党管人才背景下，我国创新型人才培养的全过程需要接受政治监督与管理，强调对创新型人才思想政治素质的考察，具体而言创新型人才需要树立为国奋斗的品质，为此需要从多方面对创新型人才培养进行约束，如政治行为、政治言论、政治立场，此外要在政治方向和政治纪律方面进行必要的约束。通过这样的方式可以有效引导创新型人才形成正确的理想信念，在工作岗位上发光发热，做出应有的贡献。此外，在党管人才背景下，国家也十分关注创新型人才的个人生活和工作情况。在"政治底线"建立的基础上，增加组织与创新型人才的交流与沟通，让创新型人才感受到国家的关怀，从而使他们在思想和行动上始终保持一致，激发他们在工作中的创造性。

二、社会主义市场经济体制促进我国创新型人才高质量培养

我国社会主义市场经济体制经过了多年的发展与完善，它不仅经受住时间岁月的考验，同时也会继续引领我国的经济发展。在党的十九届四中全会上作出许多重要的决定，其中就包括了继续深化改革我国市场经济体制的决定。在大会上决定我国市场经济体制将朝更高的标准迈进，分别从产权、公平竞争制度、市场配置以及科技创新机制等方面推动我国经济的转型与升级。我国高质量的创新型人才培养是建立在现有社会主义市场经济体制的基础上，在此次我国市场经济体制改革之后，科技创新体制机制的部署将为我国创新型人才高质量培养提供强有力的保障。

（一）创新型人才培养依托市场流动制度的内在驱动

公平、核实、联通、合序的社会性自由流动具有十分重要的作用，它可以保障经济良性发展，推动社会进步，与此同时也有助于促进创新型人才的全面发展。在党的十九大报告中提出全力扫清妨碍人才自由流动的体制机制弊端，让人才得到全面而自由的发展。《关于促进劳动力和人才社会性流动体制机制改革的意见》的出台就是一个很好的体现，在该文件中明确指出要加强对市场反应以及政府管控的重视，同时还要加大服务配套建设，搭建横向流动长桥和纵向发展台阶，激发全社会的内生产力，逐步构建公正、合理、畅通、有序的社会性流通态势，从而引导人们将自身发展与国家、社会命运联系起来，进而促进社会经济的可持续发展。

展开来讲，一是助力经济高质量高水平发展，打牢社会性流动地基，激发流动内在动力。即要继续优化产教融合改革发展环境，支持创新型人才培养，推进高附加值的科技成果转化，从而筑牢创新型国家建设的压舱石。同时，可以建设一批创业培训基地，给创新型人才提供更丰富的实训机会，也客观上成为创新型人才将理论运用到实践的中转站。二是疏通市场流动通道，让市场活力竞相迸发。主要是要紧紧抓住城镇化进程促进劳动力创新型人才的社会性自由流动作用，积极吸纳创新型人才的转移，保障创新型人才的合理自由流动。同时，以档案服务改革畅通创新型人才的职业转换，加快档案信息管理服务的网络化建设，尽早实现档案信息全国统一，做到线上免费申请、异地通办的良好局面。三是健全评价激励机制，开拓市场流动的空间。就是要依据职业、岗位、层次的不同特点和职能，将普遍性和特殊性、成果业绩与发展潜力、定性与定量等评价相融合，最终实现差异化评价。同时，加大对创新型人才奖励激励力度，加大对创新成果工作业绩、工作时长等评判比例，进一步畅通创新型人才晋升渠道，推动职务与职业水平等级制度的无缝有效衔接，畅通创新型人才在新职业从业资格、职称、职业技能等级的认定通道，激励将工资薪酬的分配和增长与岗位潜力和价值、综合素质、实在贡献、创新成绩等关键因素结合，科学合理地畅通创新型人才上升的渠道。四是改进创新型人才引进机制，增加具体用人单位的自主权。即有效发挥市场机制的培养和评价创新型人才的作用，最大程度上提高创新型人才培养的质量。同时，促进创新型人才在政府、企事业单位间畅通流动，引导和支持他们中的部分向较不发达地区流动，实现综合协调发展。总之，就是要充分发挥市场在创新型人才培养中的决定性作用，通过财政、税收和福利等政策体系激励引导民间、用人组织等进行培养。同时积极争取全球国际资金的赞助，尽全力争得国际性金融机构（比如著名的世界银行、世界货币基金组织、亚洲开发银行）对创新型人才资源开发和培养的支持。

（二）创新型人才培养关键在于政府的理性有效引导

马克思对政府理性引导有一个全面而深刻的理解，他认为："一切规模较大的直接社会劳动或共同劳动，都或多或少地需要指挥。一个单独的提琴手是自己指挥自己，一个乐队就需要一个乐队总指挥。"① 如果将国家比喻成乐队，那么政府便是这个乐队的总指挥，所以创新型人才的培养离不开政府的理性引导。市场机制和政府理性引导是资源配置的两种基本形式，他们在创新型人才培养过程中都起到了积极作用，二者缺一不可。创新型人才在市场机制流动过程中离不开政府的理性引导，只有这样创新型人才才能得到良性的发展。当前我国创新型人才培养过程中存在人才结构不合理的问题，尤其是高水平创新型人才十分匮乏，这在无形中反映了我国政府与市场关系主体的不协调，如果政府不加以引导会导致创新型人才在市场中自生自灭，所以需要政府理性力量的回归，并对其进行理性的引导。但是我们需要对政府理性引导的正确认识，它不是采用一刀切的方法，而是积极发挥政府的理性引导和社会保障作用，在防止政府越位的前提下实现创新型人才培养的资源配置。与此同时加快政府职能的转化，如提升优化创新型人才公共服务、实现创新型人才公平竞争以及加强对创新型人才市场的监管等，从而弥补市场机制在创新型人才培养中的不足之处。从具体上来讲政府理性引导需要从体制中走出来，凡是创新型人才市场可以自行决定的事情，政府应做到放手、放权，给予其充分的自主权。另外，凡是市场中有助于提升创新型人才培养质量的方法，政府也应当给予一定的重视，并采纳其方法。我们需要了解政府理性引导并不是要将政府的想法与行为强加于市场，而是不断完善我国人才培养体制，同时加快我国政府职能的转变，建设服务引导型政府。

在当今社会经济发展过程中仍有部分因素制约我国创新型人才的培养，想要扫清这些离不开政府的理性引导。政府的理性引导需要划清创新型人才的宏观活

① 马克思. 资本论 [M]. 北京：北京出版社,2007：10.

动、微观活动，对于那些创新型人才的微观活动交由市场自行干预，如用人单位制订具体的创新型人才培养开发、评价方法以及选拔任用等，对于这些方面政府应给予全力支持，减少干预。而对于创新型人才培养的宏观活动，政府应加强理性引导，如创新型人才培养体制机制改革，在充分发挥自身优势的同时，为我国创新型人才培养创造良好的环境。具体来讲可以从以下三个方面出发。第一，采用合理合规的方法进行创新型人才服务业建设。创新型人才服务业的建设包含多方面内容，如金融服务、公共服务、社会服务以及市场特色服务四个方面，并在此基础上打造四位一体的高端创新型人才培养的产业化体系。第二，创建多元化的创新型人才集聚创新创业的载体，如科研院所、企业、事业单位等，同时其表现形式主要有科技园、孵化基地、培养中心等。第三，加大创新型人才的开发力度，积极构建开放型的工作体制。同时还要注重对国际知名猎头公司和创新型人才中介服务机构的吸纳，通过给予他们政策上的支持，吸引他们到国内投资建立分部，进而提升我国创新型人才培养的服务水平。

（三）公平为原则的产权保护制度保障创新型人才的创新成果

从某种意义上来讲产权制度是我国社会主义市场经济的风向标，只有合理地保障产权，才能给市场主体吃下定心丸，市场主体才愿意在更多的领域投入更多的资金，也只有在这样的市场经济环境下创新型人才的创新成果才能得到保护。

以公平原则为基础建立的产权制度可以对各类产权进行保护。在公平环境下的知识产权保护制度为创新活动开展创造了良好的环境，它不仅激发创新型人才的知识创新，扩充现有的知识存储量，同时也有助于构建和谐的创新环境，实现资源的优化配置，这在当下这个知识经济的时代十分重要。另外，在这样的创新环境下也有助于保护创新型人才的创新成果。反过来想，如果没有一个公平的产权制度，创新型人才的创新成果无法得到保障，这将极大程度降低他们进行创新的积极性，同时也不利于各种社会资源在创新上的投入，久而久之形成"坐吃山空"的局面，从而使每年的创新成果锐减，甚至完全磨灭创新型人才的创新积极性。

创新型人才的知识产权又可称之为个人财产权，它主要形成于创新型人才创新成果形成之后被国家法律所赋予的个人财产所有权。我们只有重视创新型人才知识产权的保护，才可以激发他们创新的动力，并使他们积极投身创新活动之中，这样也有助于形成科技创新的良性循环，对提升我国科技水平有积极作用。

在博鳌亚洲论坛上，习近平总书记曾讲话："加强知识产权保护是完善产权保护制度最重要的内容，也是提高中国经济竞争力最大的激励"[①]。在未来很长的时间中，我国始终将完善知识产权法作为政府重要的工作内容之一，充分尊重因创新活动而生成的各种智力劳动成果。更为重要的是知识产权保护制度是促进创新型人才进行创新活动的基础保障，同时创新型人才创新成果的问世也在无形中印证了知识产权保护制度的作用。我国在创新型人才培养过程中，只有科学合理地利用这一制度，才能实现对创新成果的保护，进而推动我国科学技术的快速发展，使其屹立于世界之巅，同时它也是保障我国在 2035 年之前顺利迈入创新型国家行列的关键。

目前我国正处于新一轮科技革命与国家转型发展的关键时期，我们要紧紧抓住时代的机遇，切勿像近现代时期那样丧失大好发展时机。公平原则下的产权制度的不断完善，进一步强化了知识产权的保护力度，创新型人才的创新成果得到了更好的保护，无形中激发了他们投身创造活动的激情和动力。

三、社会主义先进文化的制度激发创新型人才的创造活力

自党的十九届四中全会之后，我们对社会主义先进文化有了一个更加深入且全面的认识，它在无形中为全国人民共同努力奋斗提供了思想指引，为推动社会发展打下了坚实的基础。这是我国长期坚持在实践中探索发展社会主义先进文化的概括总结，是国家治理体系和治理能力现代化的力量之源。另外我们必须要坚持文化自信，并坚定社会主义文化的制度，在社会主义先进文化的指引下成功转换创造性，同时将创新性发展的理念融入创新型人才培养之中，从而使我国创新型人才培养永葆活力。

从具体上来讲，首先不断完善人民文化保障制度，并在此基础上积极鼓励创新型人才开发创造新型的文化产品，与此同时还要逐渐引导创新型人才将丰富人民精神生活、满足人民精神需求作为创新活动的出发点和落脚点。其次合理使用舆论的正向引导作用，为创新型人才的创新活动创造良好的社会氛围，加强对社会媒体的管理，同时将社会主义核心价值观融入文化建设制度，从而为我国创新

---

① 习近平 . 开放共创繁荣 创新引领未来 [N]. 人民日报 ,2018-04-11(003).

型人才培养创造良好的时机。

（一）人民文化权益保障制度激励创新型人才创造文化精品

人民文化权益保障制度十分关注人民的利益，在工作中我们只有将人民的利益放在首位，始终坚持人民为主，这样我们的文化才能更好地服务人民，同时文化创新也将获得动力，进而真正地落实人民文化权益。完善文化产品的引导奖励机制，明确创新型人才在文化产品创作过程中的基本标准，即人民对文化产品的观点和评价，如喜欢不喜欢、接受不接受、开心不开心等。与此同时，创新型人才在创作文化产品时，也应积极融入人民群众的生活之中，并从生活中找寻文化产品创作的灵感，以此提升人民群众对文化产品的满意度，丰富他们的精神生活。

纵观社会主义先进文化的发展历程，我们不难发现想要确保文化产品永葆青春，就需要在创造过程中坚持人民为中心的创造原则，坚持创造性转化和创新型发展。另外，将社会主义核心价值观融入文化建设制度之中，在无形中可以引导创新型人才将社会主义核心价值观融入文化产品的创造与传播，这不仅可以丰富文化产品的思想内涵，同时也能提升创新型人才对社会主义核心价值观的认同，最终丰富人民的精神生活。在人民文化权益保障制度环境下，社会各界力量参与基层文化惠民工程建设，从而使其得到了较好的发展，同时对城乡文化资源进行了优化。同样，这对创新型人才也有一定的启发作用，使他们在创造文化产品时深入考虑基层文化的发展情况，同时深入了解人民群众的实际需求，这样他们所创造的文化产品会与人民群众的需求更加吻合。总而言之，我们要始终坚持社会主义先进的文化制度，将人民放在工作的中心，在完善人民文化权益保障制度的基础上进行文化产品创造，提升文化产品与人民群众需求的契合度，丰富人民的精神生活。

（二）正确导向的舆论引导工作机制营造创新型人才培养氛围

正确导向的舆论引导工作机制，主要是通过党全面管控媒体的原则，以正能量宣传为主，奏响新时代创新文化的宣传交响曲，弘扬良好风尚。并且，建立网上网下一体、内宣外宣协调的正面舆论格局，为创新型人才培养营造创新的文化氛围。这里的创新文化与创新型人才相得益彰，换句话说，创新型人才的培养要和创新文化氛围有机契合。我们要发挥好建立在党全面管控媒体原则上的舆论引导工作机制的作用，在全社会无形形成一种促进创新型人才培养的深厚的文化宣传氛围，也有助于更好地选拔任用创新型人才。通过这种机制的网上网下、内宣外宣的联动，可以营造一个良性成长的环境，为创新型人才在现实社会中发挥和施展才能提供了更为广阔的机会和空间，打造了涵养创新型人才的"蓄水池"，也将激发出他们继续创新的热情和动力。当然，在创新型人才培养的实操中，教育的作用坚决不可缺位。习近平总书记也曾讲话："教育决定着人类的今天，也决定着人类的未来。"① 也就告诉我们，我们的人类社会需要通过教育不断培养出社会需要的人才，而在知识经济时代的快速发展期，尤为关键的是创新型人才的培养。通过教育来让创新型人才更新已知、探索未知、开辟新知识，从而指导人们更好地迎接未来和挑战。因此，在利用正确导向的舆论引导工作机制进行文化宣传的时候，非常有必要在教育过程中加强顶层设计和方向引导，要让创新型人才培养成为高等教育学校"一把手"工程，这样更能让校领导高度关注、积极重视和开展创新型人才培养的新方向。诚然，创新型人才的培养不能仅仅依靠高等教育去培养，也不仅仅是他们的责任，同时，还要在基础教育、学前教育等环节落实好责任，在不同阶段都营造好适合创新型人才培养的最佳土壤，为创新型人才培养建立特殊的培养方案、培养途径，提供优质满意的条件和生活，为他们创造良性发展、才能凸显的合适环境和平台。总之，不同时期创新型人才培养同样也会出现不同情况、形势、要求，仍需把正确导向的舆论引导工作机制牢牢靠住，牢牢抓住这一机制，就能将宣传和引导好教育的基础性、先导性、全局性的作用运用到恰到好处，更好地为创新型人才培养营造创新的文化氛围。

第三节　高校人才创新的目标和方法

一、高校人才创新的目标

所谓的培养目标主要指的是人才培养的标准和规格，它在一定程度上决定了

---

① 习近平在致清华大学苏世民学者项目启动仪式的贺信中强调 .2013.4.

大学培养的人才的性质和类型，同时也是大学人才观的具体反映。站在组织管理的角度来看，培养目标不仅是大学人才培养的出发点，同时也是大学人才培养的归宿。为此大学人才培养目标设计的好坏直接决定了大学教育质量的高低。换句话说，明确人才培养目标是确保人才培养质量的前提与基础。通常情况下，人才培养目标有以下几个方面的共性。

（1）具有较高的爱国主义精神，同时对人类、社会、环境以及国家具有较强的负责精神；

（2）视野宽阔，具有较强的国际社会适应能力；

（3）拥有一定的创业、创新的能力；

（4）拥有高尚的情操和职业道德。

从人才培养目标的个性上来讲，目标不仅要体现学科专业的知识能力和基本素质，同时也要彰显大学自身的历史以及传统定位。例如，美国斯坦福大学的人才培养目标——"造就有文化教养的、有实用价值的公民"、英国牛津大学的人才培养目标——"培养各行各界的领袖人物"，以及世界上其他知名院校的人才培养目标的设定都是结合社会对他们的要求以及自身的传统定位。这也是培养目标的作用。

在培养创新型人才前，我们必须制订与之相匹配的教学目标。但是目前我们在创新型人才培养素质方面的研究并不是很理想，而美国在创新型人才培养上有诸多成功的经验，他们在创新型人才培养过程中不仅关注人才培养目标的设定，同时也会结合社会发展的需求，不断完善创新型人才培养目标。例如，美国普林斯顿大学的12项人才培养目标中便包含了创新型人才培养所需要的知识、能力以及素质结构，具体如下：（1）具有较好的清晰的思维能力、写作能力以及表达能力；（2）具有一定的批判性思维和推理能力；（3）具有一定的概念形成能力和解决实际问题的能力；（4）具有独立思考的能力；（5）具有敢于创新的精神和独立工作的能力；（6）具有一定的团队协作能力；（7）具有一定的判断能力；（8）具有辨别重要东西性质的能力，如重要与琐碎、持久与短暂等；（9）了解不同的思维方式；（10）在某一领域拥有较强的知识深度；（11）具有一定的跨学科能力；（12）具有终身学习的观念。在清晰、明了的人才培养目标下，大学教育不仅可以做到有的放矢，同时教学工作开展也有条不紊。这对我国大学创新型人才培养目标的制订具有借鉴作用。

二、高校人才创新的方法

（一）让学生掌握最重要的信息

课堂教学环节在创新型人才培养中具有十分重要的作用，通过课堂教学学生可以掌握最重要的信息。那么什么是"最重要的信息"，通常情况下它主要指的是那些必须通过教师讲授才能获得的信息，反之学生自己可以找到的信息则不是最重要的信息。例如，在学习古代文学内容时，古代诗人的生卒日期、代表作品等信息，这些信息学生在网上可以轻易获得，所以这些不是最重要的信息。在课堂教学中，教师应改变传统的教学观念，虽然灌输式教学方法可以让学生快速掌握专业基础知识，但是单一的灌输式教学方法无法满足创新型人才培养需求。在课堂教学中，教师应加强对学生的引导与启发，让学生学会思考和分析，从而提升学生的思辨能力。与此同时，在课堂教学中教师还应鼓励学生将理论知识与社会实践相结合，提升学生的动手实践能力，这一点在课堂教学中尤为重要。

在课堂教学中，教师应教会学生解析、梳理、整合、引申以及探索，并在此基础上了解掌握一些分析问题、解决问题的方法。在课堂教学中，教师还要加强对学生抽象思维能力的锻炼，让学生学会透过事物现象分析事物的本质，通过这样的教学可以在无形中提升学生的思辨能力和分析能力，此外这些能力并不是学生可以通过网络可以查询到的，学生这些能力的培养需要教师在课堂教学中合理引导，并经过不断锻炼才能形成。具体来讲，课堂中最重要的信息可以概括为想法和技能两大类。教师在课堂教学中应调动学生的积极性和主动性，鼓励学生发表自己的想法，同时在课堂教学中展开师生之间、生生之间的交流与辩论。在课堂接受之后，教师也要鼓励学生作必要的总结与归纳，从而让学生养成反思的学习习惯。在课堂教学中还要设置相应的练习，没有练习的课堂其教学效果也将大打折扣。课堂教学中还要尊重文化的差异性，并在此基础上了解、理解每一个人的想法与观点，并给予足够的尊重，这对构建良好的课堂环境有积极作用，同时不同思想之间的碰撞很容易擦出智慧的火花。为此在课堂教学中，教师应发挥自身在教学中的主导作用，调动学生课堂学习的积极性，培养学生的思辨能力和分析能力，这不仅是学生在课堂中需要掌握的最重要的信息，同时对创新型人才培养有积极的促进作用。

（二）真正做到以学生为中心

在高校教学中务必要发挥学生的主体地位，将其作为教学的中心，同时发挥教师在教学中的指导作用。在课堂教学中，将教学中心放在教师身上，还是放在学生身上，二者有明显的不同，其具体表现在以下几个方面。第一，将教师作为课堂教学的中心，教师变成为教学过程的重点，课堂教学也就成了教师独自表演的舞台；而将学生作为教学中心，学生变成为课堂教学的中心，一切教学活动围绕学生开展，课堂教学中师生互动的频率也明显增加。第二，以教师为中心的课堂教学是教师个人的语言活动，而以学生为中心的课堂教学是学生如何运用语言的活动。第三，以教师为中心的课堂教学，教师始终处于对每个学生监测和纠正的状态，而以学生为中心的课堂教学则会改变这一现象，只有当学生出现错误时，教师才会做出纠正。第四，在以教师为中心的课堂教学中，课堂教学的主题决定权在教师手中，而以学生为中心的课堂教学的教学主题，则是将主动权交给学生，然后在师生共同努力的前提下完成。第五，在课堂教学评价方面，二者也存在一定的区别。以教师为中心的课堂教学是以教师评价为主，而以学生为中心的课堂教学则是学生自我评价为主，教师评价为辅相结合的评价方式。第六，以教师为中心的课堂教学氛围往往表现得死气沉沉，而以学生为中心的课堂教学氛围则比较活跃，课堂辩论无处不在。通过以上的分析，不难发现在课堂教学中我们应当坚持以学生为中心，充分发挥教师在教学中的指导作用，努力构造一个积极、活跃的课堂教学环境。

简而言之，以学生为中心的课堂教学代替以教师为中心的课堂教学的本质是将课堂教学重点由教师"教"转变为学生"学"，让学生在课堂学习中探索、发现知识。在课堂教学中教师应关注学生的实际学习情况，掌握学生学习的方式以及学生所掌握的知识内容，所以在实际教学中教师应结合每个学生的实际情况，开展个性化教学，从而使课堂教学效果达到最大化。同时，在课堂教学中教师还要重视教学评价，并以此来了解学生的学习效果。从具体上来讲，课堂教学评价的关注点应放在学生学习效果上，而不是教师教的如何，并在此基础上密切关注课堂教学评价结果，对课堂教学中存在的问题进行改正，优化课堂教学方法，从而培养学生的创新能力，并培养出更多优秀的创新型人才。

（三）注重培养学生的核心竞争力

核心竞争力是创新型人才的重要标志。高校在教学中应重视学生核心能力的培养，通常情况下我们也可以将这种核心能力称之为核心竞争力。在当今社会，大学生的核心竞争力主要表现在以下几个方面：第一，口语沟通能力；第二，书面语言表达、沟通能力；第三，定量分析和定性分析的能力；第四，信息素养；第五，批判性思维能力；第六，概念化能力，我们也可以将这种能力理解为创造性地解决问题的能力；第七，坚毅的品质。

从某种意义上来讲，大学生核心竞争力是其综合素质水平的集中体现，而大学生综合素质则是科学素养、创新能力、人文精神三者的统一。大学生核心竞争力是以个人专长为核心的知识、素质、能力等多方面的综合体，从具体上来讲，它主要表现在多个方面，如沟通能力、思维能力、判断能力以及创造能力等。通常情况下，核心竞争力又被称之为核心竞争优势，它指的是人在竞争中所展现出来的比较优势，在核心竞争优势的作用下，人可以找到更加合适自己的工作岗位，这也是目前教育界高度关注核心竞争力的主要原因。当前大学生的核心竞争力并不是体现在某一个方面，而是多方面的有机结合体，它属于一种更高层次的综合能力。在核心竞争力的作用下，大学生不仅要熟练掌握本专业的知识内容，同时也要不断丰富自身的经历，并从多方面提升自己的综合能力，如人际交往、分析判断以及艺术创造等，只有这样大学生才能达到创新型人才的标准，成为高素质的综合人才。

（四）更加重视图书馆的作用

高校在培养创新型人才时，还需要充分发挥图书馆的功效。目前以美国为首的西方发达国家在高校图书馆建设上有独到的做法，这些经验对我国高校图书馆建设与使用有一定的借鉴作用。无论是美国四年制的大学，还是社区学院都十分重视图书馆资源的开发与利用。图书馆在美国大学中的地位十分高，它相当于高校的二级学院，同时美国高校图书馆是一个高校综合性信息平台和校园服务中心，对教学和科研工作有积极作用。

美国大学图书馆的开放程度较高，所有的学生都可以利用图书馆资源。美国高校的学生经常聚集在图书馆交流、讨论学术问题。另外美国图书馆还为学生提供了其他方面服务，如写作辅导、语法以及选课等。此外美国高校图书馆也为学生提供信息检索以及计算机基础使用等方面的常识性服务。美国高校图书馆也会定期举办一些专题性讲座，为学生提供一对一的答疑解惑。除此之外，美国高校图书馆还设有专门的教授，他们平时被安插在学校各个院系之中，并参与院系课程设置。从宏观角度来讲，美国高校图书馆未来将朝着移动服务和建立统一数据库的方向发展。由此可以看出，美国高校图书馆在未来教学、科研方面将会起到更大的作用。目前，我国高校图书馆的性质正在发生转变，逐渐朝着西方发达国家高校图书馆的方向发展，所以美国高校图书馆的运营管理经验为我国高校图书馆的转型提供了一定的经验，如果我国高校想要提升创新型人才培养水平，需要更加重视高校图书馆的作用。

（五）鼓励学生积极参加社区服务

参与社区服务活动是我国高校创新型人才培养中的重要一环，为此高校应积极鼓励学生"走出校园，走入社区"。美国教学对参与社区服务活动十分重视，并将其作为学生成绩的考核内容之一，其主要考察的是学生理论联系实际的能力。美国大学教育之所以鼓励参与社区服务活动，主要是为了提升学生课堂知识的实际应用能力，并在此基础上培养学生的社会价值观和公民意识，同时提升学生的实践创新能力。

虽然我国的教育理念也鼓励学生参与课外活动，但是高校社区服务活动建设方面依然比较薄弱。作为新时代的大学生，应自觉走出校门，走入社区，积极参与各种社区服务活动，将课堂上学习的知识内容运用到社区服务当中，这不仅可以提升学生自身知识应用水平，同时也可以通过参与社区服务活动培养自身的奉献精神和社会责任感，全面提升大学生的综合素质水平，为我国高校创新型人才培养创造良好的环境。

创新型人才主要指的是那些拥有新的观念，并将其付诸实际行动且取得创造成果的人。目前我国正处于一个社会经济飞速发展的时期，对创新型人才的需求较大，与此同时创新型人才也直接影响了我国未来在国际竞争中的水平。高校作为人才培养的主要基地，它承担着向社会输送高素质人才的任务，同时承担着实现中华民族伟大复兴的历史使命。

第四节　新时代大学生创新能力的培养

芝加哥大学心理学教授盖泽尔斯曾指出，"学校本应是赏识和培养创造性才能的场所，然而事实却不是如此。过分注重学业上的考试成绩以致教育机构不仅混淆了潜在的创造才能，而且压制了创造性才能的发挥。[1]"宝丽莱公司创始人兰德曾在麻省理工学院进行了一次题为《伟大之产生》的演讲。他直截了当地指出，"标准的大学考试和评分制度只能压抑学生成为伟大人物的潜力"[2]。可见，大学在开发学生创造力方面确实存在一些亟待解决的问题。

随着知识经济和新科技革命的迅速发展，如何在现有的课程教学条件下对大学生的创造潜能进行有意识地挖掘和培养，已成为世界一流研究型大学人才培养的出发点和落脚点，其中将创造力纳入人才培养目标框架就是一项重要策略。正如李硕豪所指出的，"一流本科教育的出发点和归宿是培养一流人才，一流人才的核心品质就是丰富的创造力，所以，创造力教育是一流本科教育的显著标志。创造力教育是以培养本科生批判性思维为核心的创造性教育活动[3]"。

一、改变传统的教学理念

要想彻底改变传统的教学模式，教师应该首先转变自身的教学理念，要树立"以学生为中心"的全新教学理念。教师在教学准备阶段要侧重于研究学生，着重全面理解学生的实际情况，比如学生的文科理科背景、专业背景、学生综合能力、个体差异等基本信息，根据学生的实际情况来有针对性实施教学，这样才能有效地激发、引导学生积极主动地带着问题进行探索性学习，循序渐进地培养大学生的创新能力。除此之外，课堂之外教师还应通过不同方式加强与学生的沟通，

① 李维.国际教育百科全书（第一卷）[M].贵阳：贵州教育出版社，1990.
② 刘道玉.创造：一流大学之魂 [M].武汉：武汉大学出版社，2009.
③ 李硕豪.论一流本科教育的基本特征 [M].中国高教研究，2018（7）：12—16.

及时全面了解学生的变化，取得学生的信任与理解，更有利于激发学生积极主动学习。

二、构建以"学生参与互动教学为导向"的教学模式

引导学生用批判性思维去发现、解决问题。教学改革的目的就是要彻底改变过去传统的教学模式，教学改革目标之一就是要培养学生的创新思维能力，改变以传播知识和解决问题为主的"教为导向"的教学模式，构建以"学生参与互动教学为导向"的教学模式，引导、鼓励学生积极参与课堂教学互动，鼓励学生多用批判性思维去假设性地提出许多问题，通过个人展示、小组讨论、全班辩论等方式鼓励学生主动发现问题、解决问题。批判性思维的培养应该贯穿于教学改革的每一个环节中，教师的角色随之要从过去的主角逐步向配角转变，只有这样才能有利于培养大学生的创新能力。

三、突出以过程性评价为主的评价方法

创新教学方法是教师提高教学效果的有效手段，在实施教学改革过程中教师应该结合自己专业特点创设性地大胆尝试构建以过程性评价为主的教学评价模式，只有通过整个教学过程中学生全程参与体验的评价指标来评价，才能客观地反映学生对所学知识点的理解、掌握、解决实际问题能力情况，彻底改变了过去由教师直接传输给学生的被动局面。比如学生综合成绩的评价可采用学生出勤＋个人平时作业＋课程论文＋学生个人课堂展示＋课堂小组讨论＋课外小组实践报告＋期末考试等多元组合评价方式，适当降低期末考试成绩占比，提高过程性评价要素占比，通过过程性评价为导向的评价模式逐步引导学生进行自主探索性学习，从而潜移默化地培养学生创新能力。

四、要加大实验、实践教学比重

课堂教学主要以理论教学为主，加上课时的限制很难将理论的知识转化运用到实践层面，而实验、实践教学就是对课堂教学的有益补充，通过实验、实践课引导学生如何将所学理论知识与实践进行有效对接，可以引起学生对理论知识的

深度思考，既掌握了理论知识，同时也激发学生自主创新地去解决问题。因此有必要今后加大实验、实践教学的比重，通过学生在实验、实践活动中亲自动手操作达到培养学生创新能力的目的。

第四章　新时代高校人才培养与校企合作

本章为新时代高校人才培养与校企合作，主要介绍了校企合作发展现状、校企合作的形式与内容、校企合作人才培养模式改革、提升校企合作有效性的对策四个方面的内容。

第一节　校企合作发展现状

我国开展校企合作教学的时间并不是很长，在校企合作教学初期，其主要集中在职业技术学校。随着我国高校教育的快速发展，高校人才培养的需求也随之增加，进而推动了高校与企业在教学上的合作。自校企合作教学开始至今，并未取得较好的教学效应，双方在合作上依然存在不同程度的问题。

一、高校方面存在的问题

（一）教育理念问题

在我国高等教育深受儒家文化的影响，人们将文凭、学历等作为衡量人才的标准，从而导致我国人才市场出现了唯学历论、唯名牌大学论的现象。企业事业单位在招聘人才时也只能按照学历、学校等方式来筛选人才，企业对学历的要求也越来越高，但是这样依然没有选出适合公司岗位的人才，这种人才选拔标准在无形中降低了企业与所需人才的匹配度。此外，在传统教学观念的影响下，大部分人对学术型大学比较青睐，而对地方应用型院校则较为轻视，这样的思想在一定程度上也影响了高校培养人才的就业方向。除此之外，高校在社会中有较高的地位，高校的教学理念也较为保守陈旧，同时在这样的环境下，高校与社会、企业的互动也比较少，所以高校所培养的人才与社会、企业需求有一定的偏差。另外一些应用型院校由于受地理位置环境的影响，其教学资源十分有限，此类应用型院校的政治色彩较浓，价值受传统教学观念的影响，缺乏一定的变通和改革，进而导致校企合作缺乏动力。

（二）评价标准问题

目前我国高校评价标准主要存在单一化的问题，它主要指的是学历化倾向严重。社会和上级管理部门经常以各种名义监管、评价高校教育，如规范教育的由头等，这在无形中限制了高校特色专业和特色教育的形成。当前我国应用型高校教育与高职教育院校的教学内容基本相似，而导致这一现象的原因是高职院校的课程教学内容来源于地方行业高校，从某种意义上来讲高职教育的本质是浓缩的行业本科教育，二者之间的差距很小。如果不能从多方面改善应用型高校的培养目标，如教学模式、教学理念、教学方法等，那么它将沦落为高职教育院校，二者所培养的人才，除了在学历方面有所不同，其他方面基本相同。从就业的角度来看，以学历定人才的社会环境导致企业以学历来选拔人才，而在很大程度上忽视了专业技能标准，导致人才评价标准单一。从企业的角度来看，企业人才选拔的目的是为了找到与工作岗位相匹配的人才，并在此基础上做好本职工作，但是企业需要支付更多的薪水给高学历的员工，这就加大了企业的生产经营成本。这也是当前阻碍我国高校和企业展开合作的主要因素。

（三）办学经费问题

目前我国大部分高校的办学经费来源于政府财政拨款，高校缺乏自主解决经费问题的能力，所以在开展校企合作过程中，往往会出现经费不足的问题。从经济发展水平来看，我国属于发展中国家，高校教学经费一直是制约我国高校教育发展的主要问题之一。为了维持学校教育科研工作的开展，高校将大部分精力放在争取政府财政拨款上，忽视了校企合作教学的开展。从根本上来讲，教育事业是一种投资规模大、见效周期长以及对社会经济贡献相对隐性的事业，所以在教育事业开展过程中往往会出现投资与收益难以统计的局面。但是高校开展校企合作需要一定的经费支持，尤其是涉及具体的合作内容以及双方利益的深度合作时，需要在前期投入一定的资金，通常情况下这部分资金投入需要高校和企业共同承担，但高校经费支出是有预算的，一般情况下它属于专项拨款，即便高校可以申请此类经费，但是申请周期也比较长，然而我们需要明白合作具有时效性，通常情况下，大部分企业不愿意花费较多的时间等待审批结果，从而导致校企合作流产。

（四）办学自主性问题

在社会历史以及我国办学体制的影响下，我国大部分高校均属于政府行为和行业行为。当前我国高校校长的法人地位模糊，高校在办学上也缺乏自主性，其具体表现在以下几个方面：招生计划、办学模式、人才培养计划、课程设置、办学理念、投资体制等。但是校企合作具有一定的时效性和灵活性，如果想要全面开展校企合作需要高校在办学上具有较高的自主性和灵活性，从而可以适应市场需求的各种变化。但是在现实中，我国大部分高校缺乏办学自主性，所以很难适应市场的多样变化，降低了学校与企业的协同度，这在无形中会降低企业在校企合作中的获利水平，进而缩小了校企合作的范围。由此可以看出，想要推动我国校企合作，需要改变传统的办学模式，降低地方政府对高校的干预行为，提升高校办学的自主性，以此来适应市场的变化多样。

二、企业方面存在的问题

（一）合作积极性问题

从企业的角度来讲，企业在校企合作中存在的问题主要为缺乏参与积极性和动力，这也是当前我国校企合作中存在的普遍问题。高校、企业、政府、学生是开展校企合作的四大主体，在校企合作中企业的积极性是最难调动的，这在我国高校校企合作中表现得尤为明显，所以形成了学校一头热的现象，限制了校企合作的开展。目前我国高校学生就业市场秩序十分混乱，同时也并未形成一定的规模。从国外校企合作的经验来看，规范的就业秩序和充足的工作岗位是确保校企合作开展的前提，从具体上来看其主要体现在健全的竞争机制、开放的人才市场以及双向选择机制。目前我国正处于经济转型阶段，在这个大环境下企业的生产经营以及管理方式也发生了相应的变化，朝着高质量、专业化、标准化以及技术化的方向发展。在这个阶段无论是社会发展，还是企业生产经营，都对专业的、高素质的人才需求加大。此时期，也会出现劳动力过剩的现象，如果这些过剩的劳动力依然占据着工作岗位，那么势必导致就业工作岗位短缺，加之新的就业市场秩序的建立需要一定的时间，这些都在无形中限制了高校校企合作的开展进程。

（二）合作政策性问题

当前我国关于校企合作的法律法规不够完善，从而导致校企合作中企业的部分权利和义务无法得到保障，企业和高校对合作问题无法达成一致的观点。从某种意义上来讲，企业获利是企业参与校企合作的关键因素，如果企业在校企合作中无法获得任何利益，那么校企合作很难吸引企业的参与兴趣。在我国高校事业发展初期，政府通过行政干预以及宏观调控的方式促使高校和企业达成共识，这为人才培养起到了积极的推动作用。但是随着我国高校教育事业的发展，上级部门行政干预对高校发展起到的作用甚微，而以经济效益为核心的利益导向机制则对高校发展有很大作用。虽然近年来我国中小企业得到了较快的发展，但是它们参与校企合作的积极性依然不高，这主要是由于中小企业以追求利益最大化为目标，在我国经济转型期间，经济发展不景气，中小企业将更多的精力放在如何维持自身正常经营上面，根本没有时间开展校企合作。

（三）企业导向性问题

在校企合作中，企业还存在合作导向性不足的问题，这在无形中降低了企业参与校企合作的积极性和主动性。企业在这方面应负主要责任，而高校负次要责任。当前大部分高校在校企合作中依然处于应试教育阶段，对企业生产环节的实际应用关注程度不够，如高校培养出的学生虽然学习成绩好，但是解决实际问题的能力有所不足，所培养出的学生在解决实际问题时，总寄希望于书本中的理论知识，缺乏一定的创新能力，进而导致企业对高校培养出的人才不满，不知如何安置岗位。

三、合作过程中存在的问题

（一）合作层次性问题

目前校企合作中存在各个合作主体认识肤浅以及合作层次难以深入的问题。新时期高校的主要教学任务表现在多个方面，如科学科研、人才培养、传承文化等，而高校这些教学任务的完成离不开企业的大力支持，开展校企深度合作是实现政府、企业、高校、学生的双边多赢。

从目前我国高校校企合作的形式上来看，校企合作主要局限在就业方面。企业和学校在就业方面的合作，其主要目的是为了提升学校的就业率，以此来彰显学校的办学水平与办学实力，但这在无形中也反映了高校和企业对校企合作认识的肤浅，二者在合作观念上存在根本性的缺陷。

从高校的角度来看，校企合作层次性问题主要体现在三个方面。第一，高校对培养市场需求的技能型人才的理解不够深入，仅仅停留在领导决策和学校红头文件的层面，进而无法将政策转变为实际策略行动，最终限制了校企合作的深入开展。另外，我们从反向角度来思考校企合作的深入开展，如果该校并未做到与企业的深入合作，那么也将直接导致自身无法完成人才培养的教学目标。第二，高校对校企合作缺乏一个正确的认识，高校凭借其自身的优越感，认为没有必要开展校企合作，从而忽视了校企合作的重要性。第三，由于高校受自身资源以及合作能力的限制，在校企合作中，难以理解企业在校企合作中的一些行为和要求，为此高校制订的校企合作策略、方案难以达到企业的需求层次，最终限制了校企合作的开展。

从企业的角度来看，部分企业认为企业成立的目的是为了获得预期的经济效益，而人才培养是学校的事情，与企业无关，为此没有必要投入精力开展校企合作。这在一定程度上反映出企业缺乏人才培养、技术创新等方面的意识，从而导致企业在扩张过程中动力、后劲不足，进而无法使企业形成规模化发展效应。

从整体上来看，目前我国校企合作还处于初期阶段，二者的合作层次较低，仅仅停留在人才培养、信息资源共享、技术资源共享的层面，抑或是企业对高校单方面的馈赠，如为高校提供员工培训、岗位实习等，当前我国无论是何种形式的校企合作都处于浅层次合作，这并不是真正的校企合作，想要发挥校企合作的功效，无论是企业还是高校都应深化二者的合作，尤其是在技术开放层面上的合作。

（二）合作质量问题

目前我国校企合作中还存在合作质量难以保障的问题，其主要原因是地方政府在校企合作中的不当调控与监管不当。完善的法律法规是实现政府有效调控的主要手段及根本保证，这同样适用于教育行业。这在西方国家已经得到验证，如德国针对职业教育颁布的《职业教育法》和《企业基本法》为规范德国职业教育提供了有力保障，这两部法律被称之为西方国家最严谨、最详细的教育法律法规，这两部法律的出台不仅保障了高校的权利和义务，同时也保障了企业的权利和义务，为了有效监督校企合作，地方相关部门还颁布实施了一系列与之配套的管理条例，如《实训教师资格条例》《考试条例》等，这些法律法规从各个方面进行了规范，为校企合作的开展创造良好的环境。另外，美国、法国、日本等西方发达国家同样通过完善法律法规的方式来规范校企合作，提升校企合作的质量。目前，我国也出台了相应的法律法规来规范、调控校企合作，但是当前校企合作方面的法律法规并不是很完善，同时在校企合作过程也缺乏与之配套的政策措施，从而无法有效保障校企合作的质量。

（三）合作机制问题

当前我国校企合作中的主体之间存在较大的差异，同时校企合作的运行机制也不够完善，这也是目前我国校企合作开展中存在的主要问题之一。高校和企业分别属于两个不同性质的社会组织，二者不仅在办学机制和运作机制方面存在较大差异，同时高校校园文化与企业文化也有明显不同，想要实现二者的共通共融还需要很长的时间，所以校企合作需要建立完善的合作机制，这也是保障校企合作深入开展的必要保障。但是目前高校和企业并未开展深入合作，同时在合作中也缺乏统筹安排，导致高校和企业的资源无法得到有效利用，从而直接影响高校办学目标的实现。目前校企合作模式主要局限于以下几种，在校外建立实践教学基地，抑或是在高校建设实验中心。另外在合作机制上主要表现为企业输出机制和企业接受机制，在校企合作中企业除了在资金方面的输入之外，在其他方面难以对高校产生输入，从而形成了高校和企业合作的不对等，这不利于校企合作的长期、深入开展。

第二节　校企合作的形式与内容

伴随着我国进入新的经济发展阶段，无论是产业升级速度，还是经济结构调整速度都在加快，各个行业对人才的需求也随之增加。在此时期，树立新的发展理念，结合市场发展需求，不断优化学校教学结构与专业布局，积极鼓励社会企业参与校企合作，不断培养适合社会发展需求的高素质人才。深化产教融合、校企合作，建设知识型、技能型、创新型劳动者大军已成为当务之急。

一、校企合作的基本内容

（一）校企合作的主要内容

1. 校企合作是学校与企业开展全方位的合作

校企合作已经从简单的人才培养、劳动力输出转变为校企全方位合作，共同打造高水平高素质技术、技能人才。通过多年来实践证明，哪所学校企合作搞得好，他们的办学搞得就相对好，培养出来的学生就会受到企业的青睐。学校与企业已经形成了你中有我、我中有你的关系，企业开始全方位关注学生成长，积极参与、承担人才培养的历史重任。先进的、现代的管理理念应来自企业；科学的、持续的人才培养来自企业，因为人才竞争是企业第一竞争；领先的、创新的技术技能来自企业，因为企业要生存，需要具有超前的市场视角。

2. 促进校企合作、产教融合是促进教育发展的必由之路

必须做到"产业、行业、企业、职业、专业"统一协调，深化校企合作、强化产教融合，全面提升办学质量和服务能力。企业通过多种方式参与院校专业规划、课程设置、教材开发、教学设计、实习实训等活动，促进企业需求融入人才培养环节之中。但在上述项目实施过程中，作为校企合作中主导方的学校必须安排专家型教师或者专业带头人等进行梳理和沟通，明确学校在项目中的目标、任务，以及实施流程、管理过程与方法、考核评价标准等。进一步明确院校和企业各自的责任，哪些内容需要企业协助完成，哪些内容学校自己完成，哪些项目校企共同完成等。在完成的过程中要做好详细的计划，包括时间、节点、负责人等。这样就避免了在以往的校企合作中，学校不明白，企业也不明白，互相推脱责任，造成了企业走过场、学校闭门造车的现象。

教育工作者必须站在发展的高度上，审时度势，加快推进校企合作、产教融合。在校企合作中，校企双方应从长远利益上出发，不能一味地强调自身利益和

眼前利益。教师们不能仅仅从学校的角度来看问题，更多地希望企业参与到学校教育教学和管理之中，而应该从企业的角度，换位思考进行合作，做到"共用、共管、共享、共赢"。在国家政策指导下，充分发挥企业的作用，推进行业企业参与人才培养全过程，实现校企协同育人。学校要敢于担当、主动出击、不断创新、大胆实践。教育管理工作者和教师们要放下身段，走进企业、走进行业与他们交朋友，虚心请教。同时教师们要不断提升自身专业素养，为企业出谋划策、开展科研与服务等工作。

3.校企共同打造工匠型教师队伍

校企合作开展双师型教师队伍建设，学校主要任务是对教师开展理论培训，提高教师的专业理论知识、专业教育教学能力，加强教师的师德教育和社会主义核心价值观教育，成为有理想信念、有道德情操、有扎实学识、有仁爱之心的"四有"好老师。企业培训主要是对教师开展实践培训，让教师们了解企业的岗位标准、管理、软件和硬件等，重点是安排教师到企业跟岗生产、顶岗生产、进行技术研发等。

4.校企合作实训基地建设

学校在实训基地的建设过程中，老师们往往按照学习的功能进行设计和采购，一旦建成之后与企业合作，则发现实训基地的功能与企业生产相差很大，基本上不能开展生产性合作。因此，在合作建设中，企业根据专业特点进行方案设计，必要的时候提供相关仪器和设备，帮助院校建设学习型实习、实训基地。另外，企业也可根据自身条件和实际需要，将基地建在企业。

（二）创新校企合作模式

校企合作，其根本目的在于通过学校和企业的合作，打造高素质的劳动者和技能型人才，实现资源共享，优势互补，共同发展。校企合作模式应不断创新，检验的标准是是否促进了双方共同发展，双方是否满意。

1.订单合作模式

招生前与企业签订联合办学协议，录取时与学生、家长签订委培用工协议，录用时与学生综合测评成绩挂钩，实现了招生与招工同步，实习与就业联体。随着订单合作的深入，校企应将整个人才培养的过程纳入双方的合作项目之中，校企双方共同制订人才培养方案、课程标准、实训标准等。学生的基础理论课和专业理论课由学校负责完成，学生的生产实习、顶岗实习在企业完成，毕业后即参加工作实现就业，达到企业人才需求目标。一般设有定向委培班、企业订单班等。

2. 工学交替模式

企业因用工需求向学校发出用人订单并与学校密切合作，校企共同规划与实施的教育模式。其方式为学生在学校上理论课，在合作企业接受职业、工作技能训练，每学期实施校企定期轮换。

3. 教学见习模式

学生通过一定的在校专业理论学习后，为接受职业、工作技能训练，每学期安排一定的时间到企业参观，了解合作单位的产品、生产工艺和经营理念及管理制度，提前接受企业文化、职业道德和劳动纪律教育，培养学生强烈的责任感和主人翁意识。见习参观主要是提高学生对工作岗位的认识，提高学生对企业文化的了解，帮助学生养成良好的学习态度。

4. 跟岗实习模式

学生经过第一年的教学见习之后，为了更深层次地了解公司的用工需求，更好地了解学习本专业与企业技能要求的差距，同时掌握合作企业工作过程和生产、操作流程等，安排学生进行现场观摩与学习并安排学生在师傅的指导下参与企业相关工作、亲自动手制作产品、参与产品管理，较为系统地掌握岗位工作知识和技能，有效增强协作意识、就业意识和社会适应能力。

5. 顶岗实习模式

一般是指在校经过专业学习2年，第3年到企业进行专业顶岗实习，即学生前2年在校完成教学计划规定的全部课程后，采用学校推荐与学生自荐的形式，到用人单位进行为期半年以上的顶岗实习。该模式建立标准化的流程，其实质一是注重实用技术，二是保障就业。学校和用人单位共同参与管理，合作教育培养，使学生成为用人单位所需要的合格职业人。

6. 合作建立培训基地

根据各企业职工培训特点及不同培训方向或培训教学的需要，与相关企业建立三种合作模式的职工培训基地，一是企业独立设定的职工培训基地，二是不同企业同类工种的职工培训基地，三是特殊工种的职工培训基地，根据企业特殊需求而开办的培训。

7. 成立专业教学指导委员会

根据学校开设专业的不同特点，聘请不同行业、企业专家、院校专家与学校教师共同组建专业教学指导委员会，指导学校开展专业建设、课程建设，明确专业人才的培养目标，确定专业教学计划的方案，提供市场人才需求信息，参与学校教学计划的制订和调整。根据企业、行业的用工要求及时调整学校的专业计划和实训计划，协助学校确立校外实习、实训基地。

同时，还可以通过举办校企联谊会及企业家报告会，聘请有较高知名度的企业家来校为学生作专题报告，帮助学生了解企业的需要，尽早为就业做好心理和技能准备。

（三）校企合作的主要原则

1. 校企互为服务的原则

为企业服务是学校的指导思想，也是打开校企合作大门的前提和基础，决定着合作成败和成功率的高低。学校要主动深入企业调研，了解企业人才需要状况、用人标准、技术需求，积极为企业开展培训，急企业之所急。同时企业也要为学校提供相关的服务。

2. 校企互为互利的原则

校企合作双方互利是校企合作的基础。企业有权优先选拔留用学生，有权根据学生能力对学生就业进行部分淘汰。

3. 校企"六个统一"的原则

校企合作是双向活动，因此必须做好"六个统一"：利益与责任必须高度统一，必须统一领导，必须统一管理，必须统一规划，必须统一实施，必须统一检查考评。

4. 校企互相渗透的原则

学校定期组织专业理论教师到企业现场培训，聘请企业级技师或能工巧匠来学校讲座。通过校企互动，学校教师在企业学到了实践知识和能力，企业技术人员增长了理论知识，实现理论与实践互补，实现理论与实践一体化。

校企开展技术研发，充分利用学校部分教师的实践和研发能力，针对企业生产的技术问题，组织教师进行研发。

二、校企合作的主要形式

（一）校企合作的不同形式

1. 国家大学科技园区

国家大学科技园区是一个服务机构，它旨在为高等学校科技成果转化、高新技术企业孵化、创新创业人才培养、"产学研"结合提供平台支持。国家大学科技园区之所以能够提供这些技术平台，归根结底是因为与国家大学科技园区合作的大学普遍都具备较强的科研实力。因此，国家大学科技园区作为"中介"的角色，将这些大学中具备的综合智力资源优势与其他社会优势资源相结合，并不断发展，建立起一个个拥有最新现代化科技成果的国家大学科技园区。1999 年，中华人民共和国科学技术部、教育部启动了国家大学科技园建设工作，经过 10 年的探索和实践，目前国家大学科技园已经发展成为我国高新技术成果的转化基地、高新技术企业的孵化基地、创新创业人才的培育基地、产学研结合的示范基地。

2. 国家工程技术研究中心

国家科技发展离不开对国家工程技术的研究，而国家工程技术研究中心就为研究国家工程技术提供了一个良好的环境，它也在研究开发条件能力建设中占据着非常重要的位置。国家工程技术研究中心是国家科学技术委员会在高校的支持下组建起来的，截至目前，我国国家工程技术研究中心的规模并不大，建设总量不到 70 个，其中包括与中国农业大学合作建立的国家饲料工程技术研究中心、与武汉大学合作建立的国家多媒体软件工程技术研究中心等。

3. 科技攻关项目

校企合作即高校与企业合作，共同承担科技攻关项目，包括但不限于国家、地方与产业的科技攻关项目。目前，中国石油大学（华东）的科技攻关项目就是与胜利石油管理局合作研究的项目。

4. 高校科技成果转化模式

高校科技成果产业化的模式取决于高校与环境的互动融合程度。这些产业化模式按照产权形态可分为两种，即合作形态与非合作形态。技术转移、技术合作、共建经济实体等模式属于合作形态，而自建经济实体与自建大学科技园则属于非合作形态[①]。

5. 高校社会服务模式

高校非常主动地为企业进行诊断咨询，并且长期为企业提供各方面如技术、营销、管理、培训与信息的专业服务，积极为企业解决其在生产经营中遇到的问题。高校这样做的原因是为了让企业能够广泛支持高校的科研项目，这样既能够提高企业的经营能力与管理水平，促进企业经济效益的增长，还能够使高校与企业保持长期并且稳定的合作关系，从而实现高校与企业双方的大丰收。

6. 实习基地模式

单向服务和双向服务、校内基地和校外基地、经营性和非经营性、独立设置和非独立设置、企业投资和校企双方投资是校企合作中实际存在的实习基地模式的几大基本要素，这些要素根据其所服务对象的不同、产权归属的不同、场地设置的差异及运作方式的差异形成了不同的组合，进而组成了许多个体化的校企合作实习基地。例如，有些企业借助自身优势，利用企业中现有的设备为学生提供单方面的、不带有经营性质的实践教学服务，并在企业内为学生提供非独立设置的实习基地；也有些高校凭借自身优势设置了以经营为目的的经营性实习基地，这类经营性实习基地由校企双方共同投资，旨在为学生与员工提供双向服务，即为学生提供实践教学、为企业员工提供培训。

7. 工学结合模式

将在学校内学习的理论知识与在校内外进行实验、实训与企业顶岗实习等实践活动相结合的模式就叫作工学结合的教学模式。这种教学模式是将学校与企业中不同的教育环境与教育资源充分利用，将学校与企业在人才培养方面的优势发挥到极致，有利于提高学生各方面的素质、综合能力与就业竞争能力。

8. "订单式"培养模式

现如今，校企合作中常见的人才培养模式中包含一种学校与企业签订用人协议、由学校和企业共同制订人才培养计划的培养模式——"订单式"培养模式。这种培养模式可以将学校与企业双方所拥有的优势资源充分利用，使企业也加入人才培养的过程中，这样有利于更有效率地实践人才培养的预期目标，增加学生就业率。

---

① 刘新同. 高校科技成果转化的五种模式 [N]. 中国高新技术产业导报，2008-01-14（B6）.

9. 全面合作模式

这种合作模式是指高校与企业已经不满足于只在人才培养方面的合作，双方已经将合作范围扩大到科学研究、技术开发、生产经营与社会服务等方方面面，要求高校与企业签订长期的全面合作协议或战略合作协议。

10. 实体合作模式

校办企业模式、行业办学模式与校企实体合作型模式都是实体合作模式的组成部分。高校中每个专业都有其不一样的培养目标，而校办企业模式就是高校根据自己学校内专业的培养目标创办与专业对口的企业。行业办学模式是行业自主办学，实现"产学研"相结合办学 [①]。校企实体合作型模式类似股份制，企业在学校办学资源等方面注入股份，进行合作办学。

（二）校企合作模式归类

前文校企合作模式的概括，依据合作方式不同列举了 10 种，虽然还有一些做法未能穷尽，但也基本展示了概貌。根据全书研究的需要，以及前文给定的校企合作内涵的界定，作者认为可将校企合作归结为基于人才培养的校企合作模式、基于科学研究和技术开发的校企合作模式和基于社会服务的校企合作模式 3 个类别。

固然，就某一种模式而言，它既可以属于某一个类别，同时又属于另一个类别，甚或是另两个类别。例如，实习基地模式就实践教学而言是典型的人才培养，但它又含盖了社会服务；再如，国家工程技术研究中心就研究而言是典型的科学研究和技术开发，但它又不失为社会服务和人才培养。但是某一种模式的主要倾向和基本侧重，特别是在相互比较中分析，还是一清二楚的。

基于上述认识，我们大体将这 10 种不同模式归类如下。

典型的人才培养类别有：实习基地模式、工学结合模式、"订单式"培养模式；典型的科学研究和技术开发类别有：国家大学科技园区、国家工程技术研究中心、科技攻关项目、高校科技成果转化模式；典型的社会服务类别有：高校社会服务模式。且无论基于人才培养的校企合作，还是基于科学研究和技术开发的校企合作，都包含或渗透着基于社会服务的类别。而全面合作模式、实体合作模式本身就具有综合属性。

---

① 　王崇伟 . 校企合作模式探究 [J]. 文化与教育技术，2009（16）：238.

第三节 校企合作人才培养模式改革

一、创新人才培养模式

（一）现代学徒制人才培养模式

现代学徒制人才培养模式是当前校企合作育人的重要手段，其出发点是培养理论联系实际的高素质劳动者，结合企业的岗位职责，研究适应现代学徒制要求的专业教学标准、课程标准、质量考核标准及相应的实施方案，编制符合现代学徒制所需要的人才培养方案。主要考虑以下几个方面。

（1）行业、企业、学者、专家和学校骨干教师组成项目实施团队。根据实际情况，及时调整课程内容，吸收最新的国际准则、国家标准和企业指标等，保证学徒制试点学生所掌握的理论和实践知识，有利于培养学徒工胜任相关岗位的职业能力。

（2）引导社会力量参与教学过程。共同开发课程标准、教材和辅导材料等资源，便于让学徒们在生产、服务一线中，比较、分析和解决岗位操作上的工艺技术难题，保证现代学徒制的顺利运行。

（3）发现问题、解决问题。在运行的过程中及时检查、研讨，及时解决教学过程和试点工作中的问题，不断完善实施性教学计划，让人才的培养更加实用。

（4）从创新人才培养模式上搭建学生提升技能的平台。现代学徒制从学生实际出发，不断创新课程体系设置与考核方式，现阶段高校在注重理论考试的同时也将技能测试放在了突出位置，将考试成绩与岗位的实际操作相联系，旨在将学生培养成为能够真正将技能应用在生产环境中的操作型人才。

（二）校企合作基本人才培养模式

校企合作人才培养模式一般是指院校与企业充分利用双方不同的教育环境和教育资源，实施协调互动，加强密切合作，共同培养人才的一种形式。通过工学结合、校企合作、顶岗实习、订单培养等形式把学校学习与企业实习实训紧密结合起来，从而实现理论联系实际，促使学生工学结合，知行合一，成为技术技能型实用人才。

二、校企育人做到"六化"

校企育人做到"六化"，即职业素养工匠化、能力培养岗位化、教学环境企业化、教学内容任务化、教师企业师傅化、教学管理企业化。

（一）职业素养工匠化

加快推进教育现代化，建设教育强国，办好人民满意的教育，努力培养担当民族复兴大任的时代新人。培养什么人，怎样培养人，为谁培养人是我国教育事业发展必须回答的根本问题，也是广大教育工作者深入思考的时代课题。我们必须积极培育和践行社会主义核心价值观，把它与传授基础知识及培养专业能力放在同等重要的位置上，强化学生职业素养养成和专业技术、技能积累，将专业精神、职业精神和工匠精神融入人才培养全过程。注重学生工匠精神的培育与传承，使学生在校企合作育人的背景下逐步形成静心周到、恪尽职守、精益求精与追求卓越的良好品质。

1. 工匠精神

"工匠"是技艺精湛的人。工匠精神，就是追求极致的精神，并且专业、专注。其核心是，除了在工作中获得报酬，还能够将工作内容尽善尽美，这是一种刻苦钻研的精神。

在职业素养工匠化培养过程中，要科学地把握工匠精神的价值，不断创新人才培养模式、专业课程建设与教育的方式方法，将工匠精神在教学安排、产教结合与技能提升中体现出来，将人才培养的核心放到培育具有工匠精神的人才上来。

2. 文化育人

要深化文化育人的理念，将职业道德、人文素养教育贯穿人才培养全过程，还应深化校企合作，使学生在学校掌握理论知识的同时，在企业实践中接受企业文化、企业精神的熏陶，真正达到知行合一的教育目标。

工匠精神的形成不是一朝一夕的，工匠精神这种深层次的文化形态需要通过正确的职业态度与精神理念逐步培养，在培养的过程中，也需要适当的价值激励。要精于工，匠于心，品于行，成为学生的价值追求、向往境界。在校企合作创新人才培养过程中，使严谨、专注、精益求精成为每一个劳动者的自觉追求，融入生产的每一个环节。

根据学生认知行为特点，在课程教学中注意诠释传播工匠精神。可以积极开展大师名家、企业专家、优秀校友系列访谈，通过这些成功人士的经历与经验感染、带动学生，使学生不断进步。

人们常说，榜样的力量非常强大，将"大国工匠"作为学生努力的标杆是对"大国工匠"专业、敬业精神的肯定，"大国工匠"身上有着中华民族优秀的精神力量，有利于激励学生端正学习风气，养成严谨求学的学习态度，有利于学生在刻苦学习中锤炼情操、培养工匠精神。

（二）能力培养岗位化

一般职业能力、专业能力与综合能力是综合职业能力的重要组成部分。

1. 一般职业能力

一般职业能力的构成要素有许多，如学习能力、文字语言的运用能力、数学运算能力、空间判断能力与颜色分辨能力等。除此之外，在职业活动中，良好的人际交往能力、团队协作能力、环境适应能力与心理承受能力都是非常重要的。

2. 专业能力

它主要是指从事某一职业的专业能力。

3. 职业综合能力

它主要包括以下四个方面。

（1）跨职业的专业能力。这项能力要求学生需要拥有多方面的能力，如数学、计算机与外语能力等。

（2）方法能力。这项能力不仅要求我们具备如信息筛选与收集、制订工作计划、独立决策工作事项、自我评价与接受他人评价等能力，还要求我们有能够从种种经历中获取经验、吸取教训的能力。

（3）社会能力。社会能力注重个人团队协作能力的培养，在人际交往与沟通方面也尤为重视。看一个人是否能胜任岗位工作，除了自身所具有的专业能力之外，团队协作能力即在工作中能够协同他人完成工作、具有亲和力与准确的判断力也是企业用人标准中非常重要的一点。

（4）岗位能力。这项能力是指能够将岗位任务保质保量完成的能力，是对劳动者所拥有的理论知识与实践能力公正、规范的评判。为了确定某个岗位所需员工的能力目标，学校需要聘请在业内具有影响力的专家进行岗位能力分析，将岗位职责细化，确定胜任本岗位所应具备的能力，将人才培养目标进一步明确。

（三）教学环境企业化

教学环境企业化是指实践教学环境应尽可能地与相关企业生产环境一致，使学生通过生产环境感受到企业生产工艺、流程、岗位要求，以及企业管理、文化、安全管理等，从而培养学生岗位技术技能，培养学生养成良好的职业习惯。

学习场所必须以企业等工作实践的场所为主，以工作任务的真实内在结构为课程结构，构建一个能够促进学生整体性学习的情境。学生通过在真实环境中操作、感知、理解知识技能。

根据学校专业和课程特点创新不同的教学模式。但目前由于受到传统观念的影响，许多学校课程改革、教学方法等仍处于学校主导的自娱自乐封闭的状态，实践教学环境与企业生产实际严重脱节，不能有效构建职业教学情境。

"模拟工厂"是近几年一个热点问题，其教学模式是将真实的工厂环境、职业标准、岗位规范和管理模式引入到学校并与学校教学有效融合，综合作用于教学过程。将工厂环境引入学校，在校内建起技术先进、设备完善、环境逼真的教学环境。基于模拟工厂下的课程改革与实施是以培养学生综合职业能力为主线，以适应企业岗位需求为导向，促进知识的传授与生产实践的紧密衔接，促进车间文化与企业文化紧密结合，加强学生职业道德教育、工匠精神培养、职业技能训练和学习能力的培养，推动"教、学、做"合一，使学生得到真实意义上的职业熏陶与锤炼，做到教学模式、课程内容和考核评价与企业相接轨。

出于经济方面的原因，"模拟工厂"内所需的设备主要由企业为学生提供。"模拟工厂"是一个与实际工作环境相类似的模拟空间，学生可以在企业提供的"模拟工厂"内进行工作模拟。但由于校企合作存在着一定的困难，因此，这种实习基地通常设在院校内，对各年级学生进行专业教学的地方，它体现的是产、学一体化。这种"模拟工厂"结合了企业环境与院校教学，以实训车间或基地的形式为学生提供实践教学，这样能够使学校也参与进实践教学工作中来，打破由企业主导学生实践教学的局面。建立"模拟工厂"有利于统一理论教学与实践教学，有利于培养学生的实践能力、提高学生的综合素质。

然而实践中，许多学校在实验室和车间设备购置上，没有考虑到工厂的设备型号性能等，造成了学校实训时的设备的性能低于企业设备的性能，致使学生到企业后还需要重新学习设备的使用。因此，在实施"模拟工厂"教学模式时，对布局、环境和管理等要综合考虑。

　　（1）在实施"模拟工厂"教学模式时，模拟企业真实的办公环境至关重要，模拟企业的生产设备有利于保证院校实训设备的引进质量，只要模拟工厂内的车间设备与企业相差无几，就能够更好地帮助学生建构职业情境。工作中用到的各种类型的设备如生产制造设备、工艺装备、检测设备和检测工具等必须要根据生产实训项目的训练要求配备，这样才能有利于整个实训项目目标的达成。为了保证模拟工厂车间具有代表性，在设计模拟工厂车间时要加强校企合作，与本地比较有名的企业相联系，做到车间设计具有一定的先进性和现代管理理念。

　　（2）模拟企业生产现场布局，构建职业情境。学校实验室或实训车间与企业设备布置最大的区别不是按照生产流程布置而是按照功能区布局，是用来进行模块教学培训的。因此，在布置企业生产设备时要贴合实际企业工厂设计的要求，将产品的工艺流程、生产规范与安全规范方面的要求放在重要位置。除此之外，在对车间区域进行分割设计时，要按照相近功能的实训、实习相对集中的原则进行，在设计时注意与生产性实训基地具有的教学功能相结合。

　　（1）布置车间设备。对于车间内设备的布置，主要是按照车间的生产流向与工艺顺序进行的。为缩短加工流程，减少倒流，就要在生产过程中使加工对象尽可能地形成直线流动。要保证"模拟工厂"的生产安全与工作环境，保留设备维修需要占用的空间，为方便学生作业，还要将毛坯、工具、量具等物品合理放置。另外，车间设备各方面如采光、照明、通风、取暖等均要符合国家标准。

　　（2）设置车间实训岗位。实训岗位的安排要严格符合企业的生产规范、工艺流程、安全规范与质量要求。在设计教学安排时，需要提高对生产实训教学内容与过程的重视程度，这样有利于学生在生产实践中把握工作任务、体会工作要领，还有利于其强化自身实践能力，掌握生产要领，使学习效果更加显著。

　　（3）模拟企业文化，做到"文化育人"。企业文化是决定一个企业环境氛围好坏的必要条件，因此，学校要将企业文化引入"模拟工厂"，使学生在车间随处可见文字、图表或标语等形式的企业理念、企业生产工艺流程、企业产品技术规范、企业质量规范与安全规范等，让学生感受企业文化精华，体验企业文化浸润，有利于学生职业素质的培养。

（4）"模拟工厂"车间工作的流程。老师要在学生进入车间前做好教育工作，保证学生的人身安全，如进入车间必须穿工装、戴安全帽。进入车间后，要对学生按照分好的班组点名，然后向小组长分配生产任务，由小组长组织具体的生产，提前准备好毛坯材料。

通过"模拟工厂"使学生在企业真实生产情境和企业文化环境下开展系统学习，进而牢固树立质量意识，将质量意识贯穿教学、管理和人才培养全过程。

（四）教学内容任务化

如何推进专业教学紧贴技术进步和生产实际，对接最新职业标准、行业标准和岗位规范，紧贴岗位实际工作过程，调整课程结构，更新课程内容，深化多种模式的课程改革等成为一直研究的问题。

1. 任务设计的思路

在以往的教学中，教师们往往根据教材内容开展理论与实践教学，较少考虑是否满足企业需求。在进行教学情境企业化时，要考虑如何把企业的项目教学化，将企业岗位要求、质量要求、操作要求、新技术、新材料、新工艺等内容纳入教学任务中来。这就要求教师们在教学任务设计过程中，将企业产品细化成每一个项目与任务，并要求学生保证任务完成的质量，可以将这些任务的内容拆分成加工某一个零件的某一道工序。例如，在机械加工中，零件的表面、孔或槽等都可以设计成一个个小的任务，把一个产品作为一个大项目。

2. 行为习惯的养成

在任务设计的同时，更要重视学生行为习惯的养成，由于学生在学校教学过程中没有明确的生产任务和质量要求，因此，学习过程中比较松散，随意性较大。而在企业任务化训练时，要更加注意学生思想观念的转变，自觉地遵守企业规范和纪律，不断地约束自己，把自己融入企业员工之中。

3. 企业化的考核评价

开展教学内容企业化关键是考核，考核任务完成的情况既要考虑到教学规律，又要考虑到企业的生产管理、质量、安全等要求。

（五）教师企业师傅化

如何将站在讲台上的教师转变为具有丰富企业实践经验的部门主管、资深员工、车间师傅甚至是人生导师的能力，是目前教师实践能力培养过程中急需解决的问题。

（1）适时安排教师在教学中进行企业实践。要保障学生学习质量的关键是教师，因此，在重视教师德育工作能力和专业教学能力培养的同时，也要重视专业教师实践教学能力的培养。可以充分利用寒暑假时间和教师短暂的无课时间，将企业的生产任务、质量与管理工作交由教师完成，有利于教师提高自身能力，培养敬业精神。

（2）企业优秀师傅担任教师师傅。在企业实践过程中，企业要安排优秀师傅担任教师师傅，目的是使教师充分熟悉学生在企业实践时的工作内容。由教师师傅为教师们在生产车间安排工作岗位，轮岗周期为两周，即在上一个岗位训练的两周时间内达到独立操作水平后，继续在下一个岗位训练两周，直至将车间的基本生产流程全部熟悉之后，企业会安排对教师在岗位上的工作考核并给予优秀、合格或不合格的考核评价，这是学校对教师评优时的重要依据。教师也可以在实际训练中逐步成长，达到企业师傅的合格水平。例如，某高校在与企业达成合作意向后，按照约定将教师工作站建立在主营范围是生产机器人、数控机床等产品的企业内，该企业内包含机械装配、电气装配、数控机床组装与调试、机床检验、机床维护与保养和企业管理等工作模块，教师可以根据自己的专业特点按需选择。教师在刚进入公司时由企业师傅带领学习，通过一段时间的学习培训，需要教师独立完成现代学徒制度教学实践项目的设计，由企业师傅对其设计进行考核评价，合格通过后方可进入下一阶段的岗位培训。现代学徒制的学校导师由企业教师实践工作站内的教师担任。除此之外，还可以通过充分利用教师业余时间，在校内开展技能大赛与指导生产性活动的方式逐步提升教师的实践能力。

（六）教学管理企业化

目前，一些高校的教学管理相对比较松散，对学生普遍要求不高。因此，学生在学习过程中出现了不遵守纪律、迟到早退、操作不按照规定要求自由操作等现象，更由于教学管理中缺乏有效的奖惩措施，从而造成了学生思想上的不重视，行动上的迟缓等问题。通过开展教学管理企业化，可以按照企业的管理模式进行岗位和角色转换，企业内的工作任务严格按照工厂岗位要求布置，企业也要据此对学生开展"生产"学习与教学。车间内工作人员各司其职，车间主任要保证自己下达的工作计划与任务能够将整个车间教学的"生产"运转带动起来，协调管理车间内的生产事务；班组长要保证班组人员生产出来的产品质量，监督班组人员实施工作任务；工人的工作任务就是在遵守车间纪律、保证产品质量的前提下进行安全生产。例如，教师在模拟工厂车间设置了如业务接待、车间维修、质量检验和财务结算等众多岗位，按照正规 4S 店的工作流程模拟预约服务、业务接待、制单、派工、车间维修、质检、交车、结算与跟踪服务。教师要为学生讲解清楚岗位责任与岗位任务，带领学生在不同的岗位进行实践培训，使学生能够在有限的实践时间内保质保量地完成岗位工作任务。学生在学校与企业双方的努力下进入真实的企业环境中进行实践活动，并有规律地进行岗位与角色的转变，有利于学生更好地掌握专业知识与技术技能，培养学生的职业素养。这种实践教学方式与传统的实训方式相比，能够使学生在了解了相关的岗位知识与技能后自觉遵守与维护企业荣誉与利益，明确学习目标，积极投身生产实践。

三、人才培养做到"五个"对接

在人才培养过程中，部分学校我行我素，关门办学，尽管在人才培养实施过程中，也邀请了企业人员和部分专家进行指导，但没有深入到具体的操作层面，只是做了些表面文章，教师们自身都不明白企业的用人标准是什么。因此，培养出来的学生必然与企业要求有较大的差距。经过多年实践发现，通过"五个对接"深入开展，将有利于提高人才培养质量。

在人才培养过程中，实现"五个对接"就是要做到：育人标准与企业用人标准相对接，教学过程与生产过程相对接，学习内容与职业岗位内容相对接，职业技能等级证书考核与企业岗位标准相对接，院校考核评价与企业评价相对接。

（一）育人标准与企业用人标准相对接

在企业用人过程中，首先是考察一个人的职业道德、专业精神、职业精神和工匠精神，其次是职业知识、技能和创新能力等。许多院校在育人过程中，往往重视学生的知识与技能，认为学生只有学到了一项技能或手艺，到了社会或者企业才能立足，但这是不够的。学生的世界观、人生观和价值观决定了学生以后的发展方向和能否走得更远，必须坚持德育教育和技能培养并行，把企业精神、工匠精神纳入教学内容中来。将习近平新时代中国特色社会主义思想与人才培养的各个环节相融合，在人才培养的过程中贯彻落实专业精神、职业精神与工匠精神，在生产实践教学中加强学生的课程思政建设，将课程育人放在重要位置，引导学生培养优秀品质。同时注重将企业岗位标准、岗位操作知识与技能、安全操作要求等纳入到学校课程中。

（二）教学过程与生产过程相对接

（1）教学过程与生产过程的关系

与专业知识体系相比，企业的生产任务更加符合教学过程，因此，教师在组织生产实践教学时要将企业的生产任务放在首位，在培养学生职业行动能力时优先采取行动导向教学法，教学模式也要根据生产实践的行为体系来确定。教师在对学生进行实践教学的过程中，不能只注重对学生专业知识与技能的训练而忽视了学生在职业活动中的体验感，而是要将二者放在同样重要的位置。

具体的实际项目是生产得以实施的基础，而生产过程则是一个创造产品价值与服务价值的过程，是在工作环境、工期、质量标准与成本这些因素的制约下利用企业内拥有的技术、经济、管理等专业知识，将各种资源通过调动、协调、加工与转换的方式按照工艺流程或服务流程、作业方法、组织人员、材料和机具创造产生的。应用知识是生产过程的表现形式，产品或服务项目就是在对生产要素的一次次加工转化中形成的，其内涵是将生产项目的工艺流程或服务流程与作业方法应用在其他生产要素及制约因素中，并进行科学的排列组合。

生产过程的基本程序：确定工作任务—制订工作计划—决策—实施工作计划—检验工作结果—质量控制。教学过程不仅要与生产过程结合起来，而且教学内容要增加关于劳动对象、劳动工具、劳动方法、劳动组织形式和工作要求等方面的具体知识与能力。

教师要注意在组织教育教学活动时，按照专业知识体系来设计教学活动是不正确的，应该在遵循教育规律与人才成长规律的前提下按照企业规定的生产任务来组织教学，依据职业活动改革教学模式，使教学过程更加具备实践性、开放性与职业性。在组织教学活动时，还要注意在教学中是否存在教师理论授课与实践教学分离、学生课堂学习与实际操作脱离的情况，如果存在以上两种情况，就要积极改变这种教学模式，模拟教学情境，将理论教学与实践教学相结合，使学生在模拟工厂中进行综合技术训练，在车间生产实践中发现问题并思考、分析与解决问题，这样有利于学生提高学习自主性，积极主动地思考、解决实践中遇到的问题，进而提升教师的教学效率。

在对学生进行实践教学时，要想提高学生对生产工艺技能的掌握能力、使学生明晰各个环节的质量要求，就要积极地将教学过程与生产过程对接。同时，将教学过程与生产过程对接也是为了让学生提升自己适应生产、服务环境与解决实际问题的能力，培养学生的综合素质，达到企业对人才的素质要求，为学生之后的身份转变提供保障。

（2）教学过程与生产过程对接的要求

只是简单地将企业车间的生产过程原样复制到课堂活动中，并不能完成教学过程与生产过程的实际对接。在工作中，企业并不能将精力全部放在培养人才上，企业追求的是生产效率与生产出来的产品质量，而培养人才，看重人才培养质量，使学生具备职场人应有的素质与能力，则是学校教学的主要任务。因此，主要从以下几个方面进行对接。

学生进入项目。将新产品试制、应用技术研究、技术服务等项目纳入工程素质提升课程，纳入选修课。学生作为项目助手，参与项目实施，提升学生实战能力。

教学进入现场。推行主干专业课"双教师授课"，理论性强的内容由专任教师讲授，实践性强的内容在生产现场由企业内的工程技术人员讲授。基本技能训练课程、综合训练课程按照生产、工艺技术和管理规范进行现场教学。

企业岗位实践。这是指让学生在真实的企业环境中投身实际的生产实践，在产品的制作过程中逐步提高自身专业知识与技能。培养学生的综合能力，任务化课程教学与企业岗位实践这个重要平台是不可或缺的。在教学过程与生产过程对接之后，学生才能将具体的工作任务吸收成为自己的专业知识、技能与职业素质。

教学过程以岗位工作过程为导向，紧贴行业、企业的发展需要，做到教学内容任务化，组织管理企业化，在讲授知识的同时，培养学生职业素养，实现学生与未来的就业岗位的"零距离"对接。

（三）学习内容与职业岗位内容相对接

职业活动规律是设计教学内容的依据，在课堂教学中布置符合教育规律和学生认知规律的教学任务，这种教学任务就是教师帮助学生在相对完整的职业活动过程中完成专业知识的学习和技能训练，将生产过程当成课堂教学的一部分讲授给学生。

一线的生产与服务人员最重要的知识就是他们的工作经验，他们在工作中收获的专业知识、技能与处理实际问题的能力大部分都是来源于自己的工作实践。正是由于工作实践具有非常重要的作用，所以，教学内容与职业岗位内容对接就成了人才培养的必然要求。

（1）高校制定的学习目标必须要以企业目标为基础，并高于企业目标，同时还要注意学习目标本身所应具备的前瞻性与目标的引领作用。高校针对学生进行的专业知识的学习和技能培训所编制的学习流程要符合企业的工作任务与工作流程。在教学环境与企业环境中应用如现代学徒制这种教学过程与生产过程对接的模式开展教学实践工作，以此来补充企业工作项目中的缺失。

（2）企业生产中的实际要素是课程内容的来源，要想真正实现教学过程与生产过程的对接，就必须按照企业生产中的实际要素来选取课程内容。将实现职业能力目标作为选取教学任务的标准，将职业活动的工作过程作为教学任务选择的依据，将职业岗位活动与实际的工作流程作为教学任务的选择素材。

（3）实践教学要求校企共同开展课程体系建设，教学内容教学模式与企业接轨。第一，实践教学必须遵循当地经济的发展规律，将满足当地经济发展需要作为实践教学的努力方向，围绕本地区经济发展需求开发、设计学校的专业与课程。第二，实践教学要满足工厂对人才的要求，学校可以与工厂技术人员共同开发实践课程与实践项目，最大限度满足工厂对于人才知识结构、技能结构与职业道德方面的要求。第三，生产内容是工厂车间内非常典型的工作任务，而对于学生的实训工作也包含这方面的内容，实现了教学任务与生产任务的结合。在模拟工厂开发实训项目时，必须要充分考虑学生的专业与技能基础，要明白学生在模拟工厂内进行实训任务的本质是对学生进行综合性的训练，为学生进入企业做准备。实训时间一般为 1~3 个月，这段时间学生可以在模拟工厂内对工厂的生产流程与管理要求做一个大致的了解。因此，单一的理论与技能要素并不能作为设计实训任务的依据，而是应该针对企业的生产要素设计具体的实训任务，同时将如何培养学生分析问题、解决问题与团结协作能力放在突出位置。为使学生能够在毕业后适应工厂内的生产工作，在实践教学时就要从心理、思想上辅导、培养学生；为使学生了解毕业后自己所将面对的工作环境，在对学生进行实践教学的过程中也要将工厂车间的生产、加工、检验与安全管理等内容全部展示、教授给学生。

（4）课程体系设计就是以模拟工厂作为教学平台，设计专业核心课程与技能方向课程。在进行实践教学课程体系设计的过程中，要先对企业岗位典型工作任务进行分析，在对生产岗位所需要的职业能力、知识与技能点充分了解之后，才能对学生进行的一体化教学与项目教学。

要将专业技术技能方向课程体系建设放在重要位置，"模拟工厂"为其提供了非常便捷的教学平台。为了增强课程弹性，在设计课程结构时不仅要强调模块化，还要时刻关注行业与企业的变化要求。岗位工作结构、工作逻辑关系、工作过程相关架构等是设计专业标准、课程标准与考核评价标准的重要因素，专业或职业特有的知识能力及跨专业的关键能力是专业标准、课程标准与考核评价标准的重要依据。由此可见，针对性、职业性与实用性较强的岗位更加需要结合企业生产要素与教学任务。在进行专业技术技能方向的课程体系建设时，要在学习任务中添加职业资格考核标准，整合学生所学专业的知识点、技能点，规范学生的企业实践与职业资格证书考核。总的来说，岗位职业标准的要求就是课程体系设计所需要遵循的。

（5）职业性原则是教材开发的重中之重。职业性原则的核心是职业能力，主线是实际的生产过程或生产项目，职业性原则在教学开发中的应用有利于学生将企业岗位的必备技能牢牢掌握，使学生能够具备胜任此岗位的能力。在对教材进行开发时，教材的内容安排不仅要包含岗位所必需的专业知识，行业、企业对岗位上人员职业素质、安全意识及职业技能鉴定等知识也要囊括其中，在教材开发伊始就做到教学内容与职业资格标准的有效对接。

（四）职业技能等级证书考核与企业岗位标准相对接

院校内实施的职业技能等级证书分为初级、中级、高级，是职业技能水平的凭证，反映职业活动和个人职业生涯发展所需要的综合能力。在职业资格考核中，往往是学校按照相关部门的考核标准组织培训，结束后相关部门组织考核鉴定，根据学生成绩来决定是否通过。这就要求高校将行业标准纳入职业资格培训教学计划之中，重组课程内容、变革教材编写和教学方法及教学手段，与企业人才需求规格接轨，与劳动就业接轨，进而做到理论教学与实践教学对接，培训内容与企业岗位标准对接，素质培养与企业一线人才要求对接。

职业技能等级证书与企业岗位标准如何有效对接，关键是在培训课程设计中将技能鉴定内容、岗位技能要求纳入日常教学中来，这样能够更加流畅地将学习内容与岗位内容相衔接，也能够使企业中的每一个岗位都能具备拥有职业技能等级证书的人才。例如，数控专业的职业技能由三大模块组成，分别是基本技能训练、综合能力训练和生产能力、职业技能等级证书考核训练。在培养学生职业能力的过程中要分清主次。对学生进行职业基本技能的训练是最基础的，在大部分学生能够将基本技能掌握到一定阶段之后，就要开始着手培养学生的综合能力，在进行学生综合能力培养时，可以将不同的基本技能排列组合。其次是培养学生的岗位能力，在培养这项能力时，最好能够使学生在企业岗位接受实际的生产任务，在实际操作中锻炼自己的岗位能力。最后，教师还要帮助学生进行中级职业技能等级证书的考核培训，尽最大努力让学生通过职业资格考试，获得相应等级的技能证书。学生在技能培训的过程中，接受的所有项目与任务都与企业实际生产任务紧密相连，由企业内专业的技术人员设计学生经手的项目与任务，并完成对学生所做项目与任务的考核评价。企业内提供给学生的岗位实践由基本技能过渡到综合能力，再过渡到岗位能力，由理论知识过渡到企业车间的实际生产操作，有利于学生体会规范的企业生产工艺与严格的质量管理，还有利于进一步精进企业文化。

（五）院校考核评价与企业评价相对接

（1）当前院校考核评价中存在的问题。课程考核是教学过程中的重要环节，它贯穿于整个教学过程。但目前许多学校在考核评价中往往由教师们自己说了算，而且往往由期中、期末和技能测试成绩来决定学生的考核评价成绩。具体表现在以下几个方面。一是考核方式、方法的单一性。一般由期中、期末考试决定学生的成绩，而日常的考核则重视程度不够；考试的方式基本上是采用闭卷，方法单一，缺乏对学生知识、能力、素质的综合评价。二是考核内容的局限性。考核内容限于教材、笔记或作业，没有突出以能力为主线，技能教学不重视规范性和实效性，考核内容没有考虑岗位需求和能力，没有将基本素质与能力、岗位基本技能、岗位核心职业技能、综合素质与能力、职业技能拓展等纳入考核范围。此外，由于受实训条件的限制，考试往往走过场，进而造成了学生高分低能的局面。因此，随着教学改革、校企合作的深入，学校考核评价应与企业评价相对接。

（2）多方共同参与的评价机制由学校、行业、企业、研究机构与其他社会组织构成，学校评价模式是以岗位标准为导向的，而学生评价模式则是以能力为核心，这两种评价模式都是按照企业用人标准建立的。这两种评价模式都是将学生学习的重心放在技能考核上，意在使学校的课程考试包含职业资格鉴定的内容。社会与用人单位对人才的要求是教学质量管理的根本依据，教学质量管理还要将行业与企业的评价控制全面吸收，这样有利于建立多方共同参与的评价机制。

建立多方参与的考核评价机制。学校考核评价与企业评价相对接，就需要建立多方考核机制，参与考核的主体主要包括企业、学校、家长、第三方等。

考核原则。校企双方共同制订以育人为目标的考核评价标准，并根据专业特点，合理分配学生学校考核和企业成绩所占比重。学校主要负责教学质量的日常考核，按照过程性考核和终结性考核相结合的原则，由学校组织企业人员或家长及第三方机构对学生学习情况进行考核。

学生实践的考核主要是考核学生在岗位轮训期间理论知识和专业技能掌握程度、学习态度、实训表现、岗位工作任务完成情况和职业素养等方面，具体包括思想品德、工作的态度、出勤率、工作效率、操作流程的学习效果、生产操作的熟练程度、与同事合作态度、遵守企业和学校的管理制度情况、对企业的贡献度等内容。

实践教学考核程序。分阶段考核是实践考核中采取的主要手段，考核有四项基本内容，分别为学生自我鉴定、学校教师对学生进行的理论考核、企业导师对学生进行的技能考核与学生在岗实训成绩的综合评价。实践考核的内容为学生在每个岗位实训期间完成任务的整体情况。

为创建真实的企业工作氛围，高校与企业可以共同制订专业的人才培养方案，构建理实一体化的课程体系，真正实现"校企合作，产教融合"。想要真正提升人才的培养质量，就要将企业真实的项目引进学校，统一学校的培养目标与企业的用人标准，完善专业与课程建设，更新教学内容，理论联系实际，协调学校内的专业教学与企业内的实际生产。

在校企合作中，企业对学生在企业学习期间的表现情况进行全程跟踪测评。其主要分为四个方面：一是交替培训期间，企业培训部门对学徒的综合素质测评；二是轮岗期间，各轮值岗位负责人对学生的综合测评；三是顶岗期间，顶岗岗位负责人对学生的综合测评；四是学生课业的笔试、操作综合考评。

四、校企一体，产教融合，校企共同育人

要在校企合作中实现人才培养模式的改革，首先学校要善于寻找本地的优质企业，与优质企业强强联合，吸引企业将岗位培训课程带进校园，学校则要将引进的岗位培训课程作为学生的专业课程与优质的教学资源充分利用，将专业人才的培养逐渐科学化、规范化。高校在设计课程体系的内容时，要充分考虑工作任务与工作过程，将国家职业技能等级作为设计课程体系内容的依据，将学生综合职业能力培养作为课程体系内容设计的目标，以学生为主体，通过具体的工作任务设计课程体系的内容，在设计与安排教学活动时，要注意是否符合岗位工作过程的顺序，还要将学生自主学习的要求贯彻在教学设计与教学活动中。与此同时，还可以将企业引进学校，或将学校纳入企业，形成校企一体的工作、教学模式，这样能够促使学校与更多行业内的优势企业达成合作，共同建立生产性实训基地，达到校企共同育人的目的。为使企业能够将学校的学生直接纳入企业进行实习实训，也可以通过探索购买服务与落实税收政策等方式推动中小微企业与高校的合作交流。

创新校企协同育人模式，按照"校企一体，产教融合"的思路，构建"企业与学校二元主体、学徒与学生二元身份、师傅与教师二元教学、企业与学校二元

管理、企业与学校二元评价、毕业证与职业资格证二元证书"为主要特征的二元制校企协同育人模式。校企双方以市场和社会需求为导向，利用学校和企业生产环境和优势资源，共同参与人才培养过程，实现校企双方互相支持、互相渗透、双向介入、优势互补、资源互用、利益共享。校企协同育人模式如图4-3-1所示。

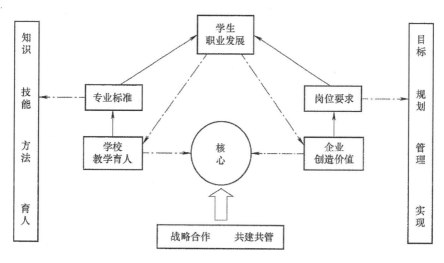

图 4-3-1　校企协同育人模式

（1）校企"双主体"人才培养机制是一种校企交替、工学交替的教学组织模式。学生在学校完成基础理论学习和基本技能训练，以学校为主实施教学、管理和考核；学生到企业进行生产实习，完成企业交给的工作任务，培养学生的职业素质和专业技能，以企业为主实施管理和考核。这种人才培养机制保障了人才培养的质量，按照岗位能力要求来设计学生的职业认知、职业技能和职业素养，并呈递进式发展。

校企融通表现在教学内容与企业职业岗位需求相融通，学校实训场所与企业岗位环境融通，技能训练与岗位操作融通，技能考核与岗位证书融通。并将就业率、专业对口率、学生就业满意率、企业认可度等综合指标纳入到人才培养质量的评价指标体系中。学生从入学即在学校与企业两个环境交替之中学习与实践，对企业的标准、要求、企业文化已经熟知并能融入其中，并在毕业前已经具有了相关岗位的企业工作经验。

（2）校企"双主体"育人三个循环阶段。校企开展三循环阶段主要过程是：

在学校进行专业基础知识学习，在企业进行职业技能能力培养，二者交替进行；在学校进行专业关键知识学习，在企业进行专业核心能力的培养，二者交替进行；在学校进行专业综合知识及拓展知识的学习，在企业进行顶岗实践，培养学生综合职业能力，二者交替进行。

（3）校企双主体联动、联通校企"双主体"具体实施过程如下。

实行多层次、全方位的校企协同运行机制，以培养学生为主线，通过校企联动、联通岗位、重构课堂等手段形成课堂层次、岗位层次、教师层次一体化。通过校企合作，逐步达到从无缝对接到适应岗位群、终身发展的目的。

实行"双主体"导师式培养模式，由具有丰富管理经验的老师亲自进行帮扶管理，在实习过程中给予专业、生活方面的辅导；企业导师则负责学生实习期间技术技能指导和管理。两个导师互相沟通协调。

加强与企业的沟通，严格执行"双主体"培养模式。在实习之前，将双主体具体培养方案与企业沟通协商，共同制订实习培养方案。在实习开始时由专人将学生送到企业，并与企业进行对接，落实好学生的实习岗位、企业实习指导教师及实习计划等。在实习过程中安排教师到企业了解学生的实习情况及思想状况，及时做好思想转化工作。与此同时，还要查看实习岗位、实习环境及实习内容，与企业指导教师进行沟通，了解实习计划的执行情况和存在的问题等。

校企"双主体"人才培养机制是提高人才培养质量的有力保障，能够最大限度地利用学校和企业的条件和优势，强化理论与实践相结合，促进专业与产业对接、课程内容与专业标准对接、教学过程与生产过程对接，提高学生培养质量，使学生在综合素质、就业竞争力、个人可持续发展能力等方面有明显提升，得到用人单位的肯定。

第四节　提升校企合作有效性的对策

校企合作是一项涉及多方的系统工程，受到多方面的影响。校企合作的影响因素错综复杂，是一个相互交叉并且相互制约的体系，它们在校企合作的过程中，对校企合作有着不同程度的影响，影响方式也各式各样。我们可以通过以上论述得出这样一个结论：校企合作作为现阶段的新常态，政府部门、院校与行业、企业要积极推动校企合作，保证校企合作有效、有序展开。第一，政府部门要通过完善相关规章制度推动校企合作的有效发展。第二，高校要加强自身建设，转变自身观念，积极促进自身与企业的战略合作。第三，行业、企业要学会挑选符合自己业务范围的高校作为合作的对象，发挥行业协会的功能与桥梁纽带作用。第四，促使校企合作的各方要估算各自在合作中的成本，将利益平衡点放在校企合作的重要位置。

一、制度建设，强化校企合作有效运转的制度安排

（一）制度安排：校企有效发展的内动力

1. 制度安排的基本内涵

"制度安排"作为一种术语，被新制度经济学家越来越经常提到。制度环境与制度安排是制度的组成部分。制度安排既可能是制度变迁或演进的过程中非常短暂的现象，也可能作为制度变迁演进过程中稳定、长久的存在。"制度安排的变化与性质是由制度环境的变化决定的，制度环境通过制度安排体现出来并得以延伸，制度安排存在多种形式，它会根据制度环境的变化而变化，这就是制度的变迁理论。"① 由此可见，制度安排作为更加具体的制度，具有较强的结构性，我们可以把制度安排概括为是同一制度的不同规则或各项规章制度间的组织与结合方式。国家和政府、个人或团体都可以作为制度安排的主体，但在具体的教育发展领域中，国家与各级政府是制度安排的主要主体。

2. 制度安排与校企合作有效开展

（1）制度安排关系到校企合作所处社会环境的优化

社会的制度安排对社会环境优化起着非常重要的作用。只有制度安排合理有效，才能营造出良好的社会环境，良好的社会环境作为外部条件或环境支持，能够在很大程度上推动处于弱势地位中的教育事业健康蓬勃发展。制度安排与外部环境是分不开的，如果脱离制度安排谈环境，既不现实，也无法完成既定的计划。众所周知，一切社会关系得以存在的基础就是社会中存在统一的运行规则，这种

---

① 孙百才. 开放条件下的教育制度变迁 [J]. 宁波大学学报（教育科学版），2005，（06）：32-34.

统一的运行规则就是制度。存在统一运行规则的社会才能够长久地发展，不断优化校企合作的发展环境需要社会中存在规范化的制度，并且这种制度必须要具有一定的约束性。在这样的背景下，现实环境纷繁复杂，有利于校企合作与不利于校企合作的现实环境在很大程度上有所交叉，要想将校企合作逐步推向健康发展的道路，就需要通过制度安排建立一个合理有效的制度平台。为统一教育、社会经济与制度安排的发展步伐，我们要有目的、有针对性地将已经较为落后的制度根据现实情况与需要做出更改，要不断使制度安排适应社会的发展状况，使制度更加合理、更加科学，保证制度安排的有效性。

（2）制度安排影响着社会对校企合作的接纳程度

人们只有真正遵守一项制度，那么这项制度才有其存在的价值，也即这项制度具备有效性。在制度改革与创新的过程中，制度能否发挥作用或能够发挥多少作用是人们对一项制度做具体评价时最看重的地方。一项制度是否存在有效性，其评判标准在于社会对制度安排的理解与态度。配套的政策与法规是否缺乏操作性和配套的政策与法规是否模糊等方面，在这些因素中，人们对制度安排的理解与态度至关重要，这是因为制度具备指导、规范与约束人们行为的作用，当人们认同一项制度时，这项制度就具备有效性，反之则不具备有效性。在存在多种制度与制度安排时，人们也会存在对不同制度的不同认识，相应地，人们也会对校企合作发展产生不同的认知。如果一项制度合理有效并认同度较高，人们才会根据制度调整、规范自己的行为，反之，若制度安排并不合理，人们也就难以按照制度要求完成某些行为。由此可知，不符合人们认知范围与态度的有关校企合作的制度安排是一种低效甚至无效的制度安排，这样的安排也就理所当然地无法促进教育的发展。在现阶段的校企合作中，打破人们对校企合作的固有印象、提高社会对校企合作的认同程度是树立校企合作新形象的重要发展方向，这就依赖于社会中合理有效的制度安排的出现。

（二）具体制度：校企合作有效发展的关键

我们在观察现阶段校企合作的发展及成果时，可以看到教育制度在校企合作的过程中并未发挥明显作用。我们知道，校企合作是国家与政府、高校与企业多方共同努力的结果，企业的积极参与可以实现校企合作由规模发展逐步向质量提升靠近，因此，国家和政府为促进校企合作出台了一系列政策措施，但与世界发达国家行业企业深入本国高校职业教育的程度相比，我国的校企合作却并没有产生实质性的突破。

提升校企合作有效性，首先就是要加强制度安排，通过提高制度有效性保证制度实施，以此来促进高校与企业之间的交流合作。校企合作是一个需要社会各方共同努力完成的系统工程。在推进校企合作的过程中，体制机制的完善与具体改革方案、政策的出台是促进校企合作规范化、常态化、制度化的重要举措。为更好地发挥政策的作用，有关部门应当及时加强制度建设，提升校企合作的有效性。斯图亚特·那格尔是美国著名学者，他认为政府为了解决各种各样的问题做出了各种各样的决定，这些决定就构成了公共政策。[①]制度产生政策，这是新制度主义的观点。因此，建立有效的制度是制定有效政策的基础，有效的制度能够推动社会向好的方向发展，有效的制度也能促进自身的变迁与创新。[②]正是由于这个原因，所以在推动高校与企业交流合作的过程中，首先就要通过法律法规的形式明确校企合作中各方的权责义务，并通过明确"奖惩机制""动力机制""激励机制""参与机制""保障机制"等具体制度来保证制度的有效性，从而提高制度在校企合作中发挥作用的比重。现阶段提升校企合作有效性的关键在于解决校企合作的用工制度、劳动制度、保险制度等制度安排。

二、内涵建设，夯实校企合作有效运转的物质基础

现阶段我国校企合作呈现"一头热，一头冷"的态势。但如果仔细观察，我们会发现，高校与企业其实都非常看好校企合作这个路径。目前，加强高校自身的内涵建设、体现高校办学优势与特色、提高人才培养的质量是高校在校企合作中的重点工作。

事物的本质属性与事物本身的主要内容就是一件事物的内涵，内涵可以决定一件事物的品质。现阶段高校的内涵建设包含 8 个方面的内容，分别是学校领导

---

① 斯图亚特·那格尔.公共政策：目标、手段与方法 [M].纽约：圣马丁出版社，1984：35.
② 张国庆.公共政策分析 [M].上海：复旦大学出版社，2007：35.

管理能力与水平建设、专业建设、师资队伍建设、课程建设、实训实习基地建设、教学质量建设、深化校企合作建设和毕业生的"双证书"制度建设，提高教育质量与学生的培养质量、增强社会服务能力是高校内涵建设的重中之重。高校内涵建设的目的是帮助高校可持续发展，为达到这一目标，高校定位的科学化与高校办学的特色化是不可或缺的。校企合作发展至今，已从外延式发展逐渐转变成为内涵式发展，即从重视增长校企合作数量、扩大校企合作规模、拓展校企合作空间等"表面工程"转化成为重视优化校企合作、提高校企合作质量的"内涵工程"。我们可以断定，在未来的校企合作中，企业会越来越重视合作高校的专业特色与专业能力，因此，之后的校企合作质量会逐步提高，效益也会不断增加，真正实现高校与企业的双赢。由此可见，提升校企合作的有效性，重点是要不断加强高校自身的内涵建设，结合校企合作的现状，高校内涵建设需要做好以下两方面的工作。

（一）专业建设

专业建设助力校企合作。专业是人才培养与经济协调发展的第一步，不断推动社会经济向前发展。为满足社会经济发展的需求，为社会输送人才的主要场所——高校也在不断加强自身的专业建设。高校加强自身专业建设是校企合作逐渐深入的必然要求，专业建设要求高校不仅要将自己的优势学科、特色专业作为专业建设的重点，而且高校所打造的特色专业还要能够与企业中的各项产业实现对接。为满足生产建设管理与服务一线的实际需要，高校要注重对实用型高等技术人才的培养，保证专业设置具备较强的职业性、培养出来的人才普遍都具有较强的实践能力，这样有利于学生在真正进入企业后发挥自身优势，提升竞争力。提高校企合作的有效性，企业方具有一定的优势，这是因为企业与市场的距离更加贴近，这种便利性能够让企业在第一时间了解市场形势与其他企业的岗位变化。因此，高校与企业共同做好专业建设是提高校企合作的有效手段。

（二）师资建设

教师要做到理论与实践相结合。当今社会，对高校教师最高的现实要求就是成长为一名"双师型"教师，如果想要在教学中彻底落实理论与实践相结合，成为"双师型"教师是最好的选择。但这种社会共识使得教师专业化发展开始变得缓慢。职教教师作为一种专业化的职业，要求教师从业时必须要具备专业知识、专业精神、实践知识与技能。专业课教师、公共课教师和实训课教师是目前教育领域中教师的三种类别。现阶段，我国高校的教师教育经验相对匮乏，由于他们之前是从普通教育转型或普通师范院校、综合型大学毕业后开始从事这项工作，因此，在结合理论、实践这方面略有逊色，较为看重理论，呈现出"只会教不会做"的局面；但与高校达成合作意向的行业、企业中虽然有许多技术方面的"能工巧匠"，但缺乏企业教师，偏重实践，"只会做不会教"，专业化水平堪忧。除此之外，由于教育规模不断扩大、自身发展水平不断提高，教师的供给在近几年已经成为一个非常严峻的问题，连只重理论或只重实践的教师都已经不多了，既会做、又会教的教师更是千载难逢。由此可见，专业化教师对教育质量与校企合作的有效性具有重要作用。

合作企业的规模并不能决定校企合作是否有效，能够决定校企合作有效性的关键是合作企业是否拥有固定、合理数量的专业企业教师。

院校与合作企业拥有专业化的教师队伍是提升校企合作有效性的重要条件，也是校企合作成功的必要因素，建设一支专业化的教师队伍是提高人才培养质量的必然要求。现阶段，与高校合作的很大一部分企业都没有建设专业的企业教师队伍，这就导致学生在进入企业实训、接受技能学习时存在困难。我们要想加强专业化的企业教师队伍，就需要积极借鉴国外校企合作企业教师队伍建设的成功经验，将企业工程技术人员与高技能人才进入高校担任教学工作的相关政策抓紧完善，在学校内实行企业兼职教师聘请与培训制度；在学校任职的教师要积极参加企业实践，并利用自身专业优势承担企业内的专业技术应用研究项目。只有将专业技术发展的前沿态势掌握在自己手中，才能通过建立高水平的"双师双能"教师队伍进一步提高校企合作的有效性。

三、观念转变，改善校企合作有效运转的外部环境

（一）提高对校企合作的认识

目前，提高办学质量的主要途径就是校企合作。由于现阶段中国高技能劳动

力较为短缺，学校"一头热"的校企合作态势将会告一段落，在新的时代背景下，高校与企业都非常重视校企合作这条路径，但高校与企业对校企合作的认识并不深刻。学校并未设置专门机构管理与企业的对接业务，这体现出高校对于校企合作并不重视。作者通过走访发现，设置专门的机构负责校企合作的学校并不多见，甚至某些国家示范高校也并没有设置这样的机构，而是由学校的招生就业处一并负责这些事务。这是由于高校方面认为合作育人是校企合作的唯一功能，即只将校企合作作为高校人才培养的一个基本环节，重视学生在企业内的实训、顶岗与教师企业实践，忽略合作发展与合作办学，暂未领会校企合作的战略深意。有些高校甚至认为，校企合作是高校发展的下下策，因此，这部分高校在与企业合作的过程中缺乏积极主动性与创造性。对于企业来说，他们并未意识到高校正在培养的人才正是企业将来发展所需的技能型人才。大部分企业在工厂处于生产旺季、对生产工人的需求较大时才会将高校中的学生作为备选。可以说，校企合作的有效性最大的影响因素就是高校与企业对于校企合作的认识与研究过于片面，学术界对校企合作的研究也仅仅停留在对企业参与校企合作动机的研究方面，而忽略了站在教育角度对校企合作的研究。

在《中国文化要义》中，梁漱溟提到，由于中国人与外国人"擅长向外用力"、与物打交道相比，更擅长与人打交道，大家都将心思放在"向里用力"上，是典型的"伦理组织社会"[①]。因此，转变观念是提高校企合作有效性的又一措施。校企合作要求高校与企业共同重视彼此之间的交流合作。在校企合作中，学校是企业新生劳动力供给的重要途径。用人单位参与学校的实际教学，有利于学校向社会输送数量更加庞大的优秀毕业生。在校企合作的组织机构、人员配备与管理体制等方面，学校要发挥组织管理优势，打破传统思维，真抓实干。现阶段，人口老龄化加剧直接导致劳动力短缺，在产品面临转型升级的关键阶段，企业要积极转变自身观念，主动将高校人才培养作为自身责任。只有学校与企业转变了自身观念，才能真正成功地发展校企合作。

（二）提高企业的战略眼光

校企合作在新的社会经济发展与就业形势下逐渐生出了新的内涵与要求，现

---

① 梁漱溟.中国文化要义[M].上海：世纪出版集团上海人民出版社，2011：256.

阶段，我们在研究、对待校企合作时，需要应用新思维、新眼光。为实现长久合作共赢、与学校建立深层次的校企合作关系，企业尤其要保持敏锐的战略眼光。

在市场竞争尤其激烈的今天，企业如果要想拥有良好的发展态势，发展方向与发展目标是不可或缺的，但就算企业规划出一条非常契合自己的发展道路，建立了非常远大的发展目标，如果没有人才加持，那么一切都只是纸上谈兵。企业要始终牢记人才的重要性，作为企业维持竞争力的重要因素与企业发展的第一要素，它是企业中最重要的资源。高素质、高技能的人才队伍是企业在激烈的市场竞争中生存发展的必备要素。作者在调研校企合作的过程中发现，许多企业在高校安排学生进厂实习时，都将一些有技术的学生安排在普通岗位，让有技术的学生在企业内充当"勤杂工"的角色，这会使学生逐渐丧失对校企合作的信任，进而造成企业内的人才流失。由此可见，这种"校企合作"的方式产生的效果并不理想，从深层次角度分析，这种情况是由于企业缺乏发展的战略眼光导致的。一个能够长久发展的企业，前瞻性的战略眼光是必不可少的，也正是因为拥有前瞻性，这样的企业才能正确对待校企合作。要想提高校企合作的有效性，企业就要着眼未来，提高战略眼光。

四、行业建设，搭建校企合作有效运转的桥梁纽带

行业协会是一个社会中介组织，它是为政府与企业、商品生产者与经营者提供服务与咨询，实现政府与企业以及生产者与经营者之间相互沟通、彼此监督、公正、自律与协调的组织机构。作为政府与企业互通互联的桥梁与纽带，行业协会具备三种特征，即非政府性、自治性与中介性。我国的行业协会产生的时期较为特殊，那时正值计划经济向市场经济战略转型，行业协会因其"半官半民"的特殊性质在某段时间发挥了统筹协调、管理有效的独特优势，对行业内的校企合作也起到了一定的统筹管理作用。行业参与校企合作是行业发展的必然规律，行业协会发展态势良好时，会作为政府与企业间的桥梁，为政府担负起决策咨询、维护行业权益的责任。那时，行业协会还会充当行业内的"服务员"，作为校企合作的指导者与中坚力量，政府、学校与企业的桥梁与纽带，将校企合作推向了一个新高度。

随着社会主义市场经济发展与完善，行业协会的劣势逐渐显现，如政社不分、

管办一体、责任不清等。近几年，行业协会的职能并不完善，在对校企合作的贡献方面较为缺乏。这是由于：（1）行业协会在校企合作中的地位与作用并未使用法律条文的方式固定下来，并未建立专门的校企合作监督机制；（2）行业协会的独立性较差，整体素质偏低，在校企合作的发展过程中，行业协会已经不再具备指导校企合作的能力与资质，无法解决现阶段校企合作在发展过程中产生的问题。

当前，政府职能不断转变，国家治理现代化的步伐不断加快，在2015年下半年出台的《行业协会与行政机关脱钩总体方案》中，共有148家全国性行业协会商会入选脱钩试点。这个政策的出台为明确行政机关与行业协会商会的职能边界，理顺市场、企业与政府之间的相互关系，加快形成政社分开、权责明确、依法自治的现代社会组织体制提供了方向，有利于行业协会健康发展，为行业协会摆脱与政府机构的从属关系奠定基础，同时也保证行业协会在校企合作中发挥重要作用。

五、互利共赢，寻找校企合作有效运转的利益平衡点

参与校企合作的各方都具有一个共同的动力与目的——获得利益。无论是企业还是高校，在参与校企合作之前都要做一个详细的规划，其中，参与项目所付出的成本与收获的利益是各方最为看重的问题，这也是国内外学者一直在研究的问题。影响校企合作有效性的因素中，参与校企合作的各方能否从中获得利益，以及获得的利益如何进行合理分配是一项较为关键、敏感的因素。影响校企合作有效性的本质因素也即利益。作者希望可以在"遵循两个原则实施两大策略"思路的带领下，将各方参与校企合作的内在意愿充分激发出来。其中，"遵循两个原则"是指互利共赢原则与风险共担原则。

（1）互利共赢原则。这项原则是指校企合作双方要建立互利共生、互利共赢的合作关系，首先要保证双方都能在校企合作的过程中获得利益，在此基础上保证在合作过程中双方都能保证各自利益最大化。互利共赢是指校企合作的双方在合作时要理性，遇到问题协商解决，以此达到效果最优化。校企合作实质上是实现参与各方的自我发展，校企合作的各方将自身优势与对方的优势相结合，以此来达到1+1＞2的效果。遵循互利共赢原则就是将互利共赢理念贯彻在校企合

作的过程中，明确互利共赢在校企合作中的地位，认可参与校企合作的各方正当合理地追求自身利益。互利共赢是指参与各方都可以在校企合作的过程中收获自己想得到的利益，但其在获得利益的同时必须保证不得损害其他合作方的利益，这样才能使合作获得良好发展。互利共赢的核心理念是利在长远，只有合作双方共同努力才能确保实现各自的利益。

（2）风险共担原则。学生的安全问题是校企合作双方最担忧的问题，可以说，安全问题是校企合作中最大的不确定因素。校企合作，顾名思义，是一种合作活动，这种合作活动通过不同性质的组织共同培养人才，具有长期性、艰巨性与复杂性的特征，同时，还伴随着许多风险，如技术、运作、安全、经济等风险。高校与企业在开展校企合作前要充分考虑合作中可能会遭遇的风险并做好风险预案，在风险来临时共同承担。校企合作除了要遵循以上两大原则，还要如下实施两大策略。

1）降低合作成本。在参与校企合作时，参与各方都会产生相应的交易成本，成本包括人力、物力、财力资源支出与不可测风险，即沟通成本、谈判成本、履约成本、管理成本与其他风险成本。提升校企合作有效性也包含合理降低合作成本。第一，合作企业尽量与高校专业相匹配。只有高匹配度的企业与高校专业才能更加顺利地开展合作。企业岗位能力与高校专业能力匹配有利于降低培训成本，发挥企业与高校的专业岗位优势，降低企业人才招聘成本。第二，实现高校与企业的共同管理，降低企业管理成本。安全问题放在哪个领域来说都是最重要的问题，高校为保证学生的人身安全，可以与企业共同加强对学生的安全管理，降低企业安全风险与成本。第三，提高学生综合素质。校企合作中的大多数企业对于高校输送过来的实习生重视力度不够，经常因为"不是正式员工"的观念疏于对学生的培养，同时还会降低学生的薪资待遇。针对以上这些情况，作者认为高校与企业应该共同培养学生，这样有利于增强学生对企业的信任度，降低企业培训成本。为提升校企合作的有效性，降低校企合作双方成本，就要提升企业与高校对校企合作参与度、调动合作双方的积极主动性。

2）平衡成本收益。校企合作双方是否能真正落实"合作"这一行动，主要是看参与各方对校企合作的成本收益分析，对于参与方来说，只有校企合作带来的利益大于单独作业的利益时，这项合作才是值得做的。第一，正确处理利益分配关系。校企合作通常会使用博弈论来建立利益分配方法，校企合作博弈论是指将企业与高校之间的协调合作利益最大化，将目标、信息共享、平等互利与强制契约作为校企合作中理性精神的体现。在校企合作的过程中，为实现整体利益最大化，就要杜绝平均主义与主观主义，使参与各方的利益均衡发展。第二，积极创造合作条件。为将校企合作实现互利共赢，学校要了解企业的人才需求与规模，结合自身的专业优势寻求符合双方需求的合作项目，平衡成本收益。

第五章 新时代高校人才评价制度的构建

本章为新时代高校人才评价制度的构建，分别介绍了高校人才评价的理论基础、高校人才评价的方法与原则、国外高校人才评价制度研究、我国高校人才评价制度的构建等内容。

第一节 高校人才评价的理论基础

一、绩效管理理论

绩效管理是企业中的一种体系，它的作用是有序管理企业中的员工绩效。绩效管理系统对员工的管理可以分为四大模块，分别是：（1）确定员工绩效目标与绩效标准；（2）监督与管理员工的绩效，为员工的工作提供反馈与支持，帮助员工排除工作中的障碍；（3）考核、评估员工绩效；（4）以绩效考核结果为依据，对员工进行奖励、培训与安置。绩效管理的目的是使员工积极自主地进行组织参与与管理，目标是将管理者与被管理者对雇员的期望值达成一致，进而让部门管理者更好地履行绩效激励的职责。管理者与直接工作者需要共同承担的责任就是企业内的绩效考查，绩效考查的实质是通过管理企业内员工的工作来提升员工绩效，达到完成组织目标任务的最终目的。

二、效率理论

管理效率作为科学管理的重要内容与基本原则，随着科学管理的产生而被一并提出。由于当时的管理效率低下，导致了企业（工厂）对其产生了新的要求与愿望，新的管理效率就是在这样的背景下诞生的。

泰罗是科学管理理论的奠基人，谈到原因，归根结底还是不满足于工厂的管理现状，他看到工人的工作效率低下，管理人员的纪律涣散，工厂中敌对情绪较为激烈，劳资关系紧张加剧，因此，高效的科学管理理论应运而生。在科学管理理论中，最基本的原则与需要达成的目标就是管理效率。泰罗认为，为提高管理效率，管理人员应当积极主动地寻找工作的最佳方式，并在员工的工作中落实这种方式，以达到提高管理效率的目的。具体到生产管理中，管理人员通过观察研究和实验，把工人的每项工作首先分解成一些最简单的要素（如手和臂的动作），对每个分解要素逐一研究，剔除多余要素，把必要的要素重新组合起来，构成工人能够恰当地、最有效率地模范完成工作的最佳方式[1]。

三、利益相关理论

20 世纪 80 年代，美国企业伦理商业圆桌研究所学术主任、奥尔森应用伦理学中心高级研究员、弗吉尼亚大学达顿商学院教授弗里曼在其出版的著作《战略管理：利益相关者方法》中首次提出"利益相关者管理理论"，相应地，"利益相关者"一词也受到关注[2]。企业的经营管理者在进行企业管理活动时要充分满足且平衡利益相关者的利益要求，这就是利益相关者管理理论的内涵。利益相关者管理理论认为，只有各利益相关者积极投身参与公司管理，这个公司才能得以长久发展，企业必须为所有利益相关者而不是只为某些主体谋取利益。

学术界的许多学者争相对"利益相关者"从不同的角度下了定义，最具有代表性的关于"利益相关者"的定义还是弗里曼的观点。他曾说："利益相关者是能够影响一个组织目标的实现，或者受到一个组织实现其目标过程影响的所有个体和群体。"我们从他对利益相关者的定义中可以看出，利益相关者的内容更加丰富、完善了。由此可见，弗里曼对利益相关者的定义是广义上的利益相关者，他在研究利益相关者时，几乎将所有有关于利益相关者的论断都放在了同一高度，这极大程度上局限了之后对于利益相关者的实证研究与实践操作[3]。

"利益相关者在企业中投入了一些实物资本、人力资本、财务资本或一些有价值的东西，并由此而承担了某些形式的风险；或者说，他们因企业活动而承受

① 魏华林. 中国财产保险公司效率及生产率实证分析 [J]. 保险研究 .2007，05：24-28，43.
② R. 爱德华·弗里曼（R.Edward Freeman）. 战略管理：利益相关者方法 [M]. 王彦华，梁豪译. 上海：上海译文出版社，2006：09.
③ 高培勇. 公共经济学（第三版）[M]. 中国人民大学出版社，2012.

风险。"① 这是克拉克森对于利益相关者的定义，我们可以从这个定义中看出，克拉克森将专用性投资概念引入利益相关者，一定程度上将利益相关者的定义完善得更加具体。我国学者借鉴并将以上观点进行整合，得出了中国学界对利益相关者的定义：利益相关者作为个体或群体的形式在企业生产活动中进行专用性投资，并为其投资承担风险。这种活动既有可能被企业在实现目标的过程中影响，也可能在一定程度上影响或改变企业的目标。可以说，我国学界对利益相关者的定义相对全面，不仅提到了投资的专用性，而且也考虑到了企业与利益间的相互影响，这个定义是现阶段极具代表性的关于利益相关者的定义。

四、全要素生产率理论

技术进步率作为经济增长理论中纯技术进步在生产中的作用的衡量标准，又被新古典学派叫作"全要素生产率增长"。全要素生产率是长期经济增长的组成部分，1960 年以来，索洛等人将其纳入了增长核算中。完善知识、教育、技术培训、规模经济与组织管理就是纯技术进步的最主要内涵。纯技术进步不能被具体化为具体生产要素的投入，因此，也被称为非具体化的技术进步。全要素生产率的增长率通常是在所有生产要素投入量相同的前提下增加的生产量。全要素生产率增长率不等同于所有要素生产率，由于全要素生产率增长率是用来衡量纯技术进步的生产率增长，所以，我们可以从中推导出全要素生产率增长率中的"全"不包含有形生产要素的生产率。

第二节　高校人才评价的方法与原则

一、人才评价方法

（一）定性评价方法

1. 同行评议方法

同行评议是一种优化知识生产要素配置的方法，这种方法通过科学家群体积

---

① Clarkson，M.AStakcholder Framework for Analyzing and Evaluating Corporate Social Performance[J].Academy of Management Review，1995，20（1）：92−117.

极引入竞争机制、优中选优的方式实施民主管理。同行评议也是在各领域专家对其领域中的事物进行评价的活动，由于这项活动是采用同一标准对事物进行评价，因此，评议出来的结果较为权威，是相关部门决策时的重要参考资料。同行评议的评价对象是人们在进行知识生产的过程中获得的产品，分为精神产品（论文、论著、新工艺等）和物质产品。在对如我国国家自然科学基金委员会与美国国家科学基金会的基金项目这类科研项目进行评审时，同行评议又有了不同的内涵，这时的同行评议是指科学系统中的同行专家就统一标准组成评议群体，评议已经提交的申请项目。有关部门就是据此评议结果来确定如何分配科学资源的。

当前，同行评议主要用于五个方面：

（1）评审科研项目的申请；

（2）评审科学出版物；

（3）评定科研成果；

（4）评定学位与职称；

（5）评议研究机构的运作。

同行评议在这五方面的应用本质是相同的，所以，下面对同行评议的讨论主要以科研项目申请的同行评议为对象。

13世纪初期，专利制度首次出现在威尼斯共和国。同行评议也在专利制度的检查更新中应运而生。那时的同行评议方法与现在类似，都是要审查发明者的新发明与新技艺，以此来确定发明垄断权是否能被授予。

显而易见，只有统一科学共同体的成员才能成为同行评议的专家，因为只有他们才能使用统一范式评价某个领域的新发现与新理论。由此可知，处于某一科学共同体内的拥有较深造诣的科学家采用统一范式对新发现、新理论进行评价与选择的过程就叫作科学系统内的同行评议。

现阶段，国内外在进行科学评价时主要就是通过同行评议的方法，这个方法也是科技管理工作的重要组成部分。优秀、创新的科研人才与科研项目能否被科学、客观、公正地遴选出来，是评价同行评议质量的重要标准，显然，要想积极推进国家科学化进程，就要不断提高同行评议的质量，这也是被评价研究得以准确反映的重要保证。同行评议是一种评价方法，现在常被人用于对科学研究质量与水平的评价。任何事物都存在局限性，同行评议也不例外，其局限性可以从主观与客观两个方面进行分析。

主要的客观表现如下。

（1）不能准确把握评价标准。制订评价标准作为同行评议的关键因素，能够较大程度地影响评议的质量。虽然评价标准是客观存在的，但社会需求与人的价值取向都会随着科学发展不断变化，因此，对于科学研究的评价也会在时代的发展中出现新的标准。

（2）科学的评价机制与程序都在不断变化调整。

（3）评价任务的需求变化较快，评价专家队伍的质量完善工作相对滞后。社会需求与个人兴趣的变化能够促进科学家的成长，在科学发展的过程中，科学家队伍并不是一成不变的，而是会根据科学家自身成长的速度不断调整，这就不能保证科学评估活动期内的评议专家完成评估任务需求。

（4）对具备创新力但未达成共识的项目资助不到位，这是由于共识决策保守选择而导致的。

（5）学科分类管理并不协调，学科之间形成了难以交叉的学科壁垒。

另外，主观表现体现在以下几个方面。

（1）导致同行评估的主观局限性的因素主要有科学评估专家主观能动性较差、价值观个性化等。这是指在进行同行评议的过程中，个人名人效应与人情网关系都是使剽窃行为发生概率较高的影响因素。

（2）主观随意性与能动的局限。这是指在选择组织实施同行评议管理机构的专家时体现出来的局限性。组织实施同行评议方法这项工作在筛选专家、识别专家学术水平与评价资格方面专业性较强，所显示出来的影响专家队伍配置的主观因素主要体现在个人管理能力、理解学科发展、把握学术水平、理解评估任务相对局限等方面。

（3）年轻学者无法摆脱"马太效应"所创造出的过高的业绩权重与知名度，延缓了成为同行评议专家的步伐。

2. 德尔斐法

德尔斐法是由美国兰德公司发明的新的专家调查法。德尔斐法得名于古希腊地名，据传，存在于古希腊时期的德尔斐拥有一座能够预卜未来的宫殿——阿波罗神殿。20 世纪 60 年代，赫尔默和戈登在其发表的《长远预测研究报告》中使用德尔斐法进行技术预测，在此之后，美国和其他国家也开始应用这项方法。1960 年之后，我国也开始将德尔斐法应用于预测、决策分析与编制规划工作中。德尔斐法是将多数专家的意见集中起来，但并不追求唯一答案，也不会将压力传递给回答问题的专家，这是它与其他许多预测方法最明显的差异。反馈匿名函询是德尔斐法的本质，与其他专家预测方法相比，它有如下特点。

（1）匿名性。专家学者在从事预测工作时呈匿名状态，即专家所传递出去的思想与信息是被完全保密的，这是德尔斐法的重要特点。

（2）多次有控制的反馈。毋庸置疑，回答组织者提出的问题可以实现小组成员间的交流。这个途径可以使预测与判断的准确性大大提高。在 2~3 轮的专家意见过后，会议机构统计每一轮的预测结果，将预测出来的结果作为下一轮的论证依据与参考资料反馈给每一位专家。由此可见，通过多次有控制的反馈提高了比较与分析的效率，同时也能够提升预测与判断的有效性。

（3）统计表述专家意见。德尔斐法通过统计专家意见，使用定量指标预测结果，有利于科学综合专家的预测与判断意见，能够囊括各种观点，规避专家会议法的弊端。

（二）定量评价方法

1. 引文分析法

将如科学期刊、论文、著者等分析对象使用数学、统计学与比较、归纳、抽象、概括等逻辑方法分析其引用与被引用的现象，这种分析方式就叫作引文分析，它是一种文献计量方法，有揭示引文数量特征与内在规律的作用[①]。作者将自己引用的文献明确标出是一种引文标引活动，这是由于文献主题与许多前人的著作存在密切关联，为使读者更好地了解当前文献相关领域的其他著作，作者使用引用的方式参照标明这些文献著作，这就是引文标引的基本思想。对于引文标引的原理，学界存在四种假设，这四种假设分别是：

（1）注明引用者在自己的文献中引用的其他文献；

（2）通过引文的形式对文献的价值加以肯定；

（3）被引用的文献或许是该领域中最出色的；

---

① 邱均平. 文献信息引证规律和引文分析法 [J]. 情报理论与实践，2001，4（3）：236-240.

（4）从内容上看，引用文献的著作与被引用文献密切相关。

以上四种假设以引文分析为前提，囊括了学界对引文标引的所有探讨。引文分析主要的研究领域有：

（1）评估科学家、出版物与科学机构的性质与数量；

（2）对科学技术的历史发展做模拟；

（3）搜索、检索与文献有帮助的信息。[1]

科学的发展规律与对科学的研究活动规律决定了文献间存在的引用与被引用关系，这是引文分析理论依据的基本思想。在对科学的研究过程中，我们发现科学有两大特性，一是积累性，二是继承性。也就是说，在一门学科或一项技术的基础上，才有可能发展出新的学科与技术，即科学技术的发展具有连续性。与此同时，我们可以发现，各学科由独立到交叉，衍生出了许多交叉学科，这也说明各学科是彼此渗透的。[1]正是由于科学的这些特性，我们必须要将前人的成果作为研究前提进行科学研究，并充分吸取他人在该领域中的经验教训，使得自己的科学研究能够为该领域的发展做出贡献。在研究科学、引用文献时，这些文献中记录的科学知识与已经诞生的科研成果也是密不可分的。作者在创作科学论文的过程中，会查阅许多相关文献作为自己论点的支撑依据，参考文献被列入发表的科学论著，既体现了作者对参考文献的肯定，又能够为读者深入了解该领域的科学知识提供帮助，同时，引文参考作为一项科学活动中基本的行为准则，作者对引文进行标注的行为也体现出对他人智力成果的尊重。科学发展规律表现为科学文献间的相互作用，普遍存在于各种科学活动中。作者在创作科学论文时，清楚标注自己引用的参考文献有利于收集早期研究者对于该领域研究的概念、方法与设备等。

常用计量指标分析是引文分析的主要应用范围，它通常被用来分析科学类期刊。引文率、影响因子、自引证率、自被引率与当年指标是引文分析的五项主要内容。引用率并不是研究专业或学科结构的唯一方式，引文耦合和共被引等测度指标作为评价科学期刊的有效方式也被应用在研究中。在对人才进行评价时，引文测度的指标不是一成不变的，高校可以根据不同的需要对指标进行重新规划。但无论怎样规划引用指标，都必须以学科论文之间的引用与被引用关系作为建立

---

① 侯海燕.基于知识图谱的科学计量学进展研究 [D].大连：大连理工大学，2006.

依据，这样才能更好地继承与利用现有的科学知识与信息内容，进一步推动科学的发展。

2.同引分析法

同引分析的使用最早始于20世纪70年代。共被引是指在某篇文献的参考文献目录中出现了两篇文献。因此，我们将这两篇被引用的文献称为共被引关系，这两篇文献被共同引用的次数就是同引强度。下文简要分析了同引分析的原则。

同引相关群是指某些论文与某一篇给定论文被共同引用过至少一次所构成的同引相关群体，也可以说，同处于同引相关群这一群体的论文有过至少一次的共同被引，那么这几篇论文就可以被称作同引相关群体。

共被引关系是指两篇文献（或作者）同时引用在第三篇文献中，那么这两篇文献（或作者）就属于共被引关系，我们也可以通过这种方法得知，具备共被引关系的文献（或作者）所研究主题的概念、理论与方法是密切相关的，文献（或作者）之间的"距离"也非常紧密。为将学科内的科学共同体加以分类，制作可视化的"科学知识图谱"，文献之间的"距离"的作用就能被很好地体现了，即在确定文献（或作者）的基础上，再使用因子分析、聚类分析与多维尺度分析等现代化多元统计技术对文献（或作者）进行分类。以此种分类标准可以将共被引分析分成诸多类别，如文献共被引分析、期刊共被引分析、作者共被引分析、学科共被引分析，等等。

（1）文献共被引分析

文献共被引分析是一种能够体现共同被引用的参考文献之间结构的最基本的共被引关系，它可以明确地将学科之间的联系体现出来。在进行有关文献学的理论研究时，就可以使用文献的共被引相关群加以分析。例如，在研究科学文献体系的特征结构以及分布、利用等方面的规律时，就可以将共被引文献的类型与语种作为突破点。文献共被引群体网络及其变化为研究学科之间的相互关系、联系特征与发展状况及趋势提供了良好的条件。

（2）期刊共被引分析

基本单元为期刊的共被引关系就被称为"期刊共被引分析"。衡量期刊共被引强度或频率是以引用期刊种数（或次数）为依据的。不计其数的期刊通过期刊共被引分析相联系，为展现学科之间的关系与结构特征打下基础。在需要对某些期刊的学科或专业性质做判断时，期刊的共被引关系与其之间的强度就显得尤为重要了。期刊共被引分析也为做好学科的核心期刊建设打下坚实基础，某几篇期刊之间存在共被引关系且共被引频率较高，就说明这几篇期刊在学科与专业上的联系是非常紧密的。

（3）作者共被引分析

这是指其他文献作者同时引用了 n（$n \geqslant 2$）个作者发表的文献，致使 n 个作者之间具备共被引关系的情况。在衡量作者共被引强度时，引用文献的作者数量是一个很好的依据。作者共被引是以文献作者作为共被引关系中的基本单元，与文献共被引之间存在着密切联系。作者共被引关系的作用是反映学科专业人员之间的联系及结构特点与学科专业之间的联系和发展变化趋势。研究某一专业领域的作者同时引用 n 位作者的文献，我们就可以说他们在这个领域中的研究"距离"非常紧密。为促进某个课题研究能够进一步发展，可以为研究该专题的同行作者建立科学合作网络，使这些作者联系起来，共同开展合作。学科的兴衰起伏与分化渗透等发展趋势也可以从作者的数量与结构变化中明显体现。将作者数量与结构方式的变化作为共被引关系网络中的学科变化的动态依据，有利于推测学科与专业的未来发展方向。

（4）学科共被引分析

这种共被引关系建立的前提是以学科作为基本单元，即其他学科文献同时引用 n（$n \geqslant 2$）个学科的文献，就证明这 n 个学科之间存在共被引关系。学科共被引的强度或频率是将引用其学科数量的多少作为衡量标准的，与其他共被引方式一样，学科间或一个学科的分支之间的结构关系与相互联系的密切程度也可以通过学科共被引率体现出来。学科或学科群体通过共被引关系形成了学科群体网络，从宏观角度讲，学科群体网络可以将科学体系的学科构成与结构特征反映出来，从微观角度讲，学科群体网络有利于将学科间的相互交叉与依赖关系可视化。学科的分化、渗透与综合的趋势往往可以通过具有共被引关系的学科群体在数量与结构方式等方面的变化体现出来，在对论文的参考文献进行共被引分析时，就可以通过学科的发展过程和趋势确定该学科领域的高被引著者群（主题概念群）。

3. 多元统计分析方法

多元统计分析方法主要有相关分析、多维尺度分析、主成分分析、因子分析与聚类分析等。这些分析方法是将能够反映事物的多个变量提取出来，从中分析出主要因素与次要因素并做出取舍，将系统结构尽可能地简化，达到认识系统内核的目的。这些方法的使用能够通过简化数据达到在一众数据中发现并提炼出较为直观与概括性的结论的目的。

（1）相关分析

双变量相关分析、偏相关分析与距离相关分析是相关分析的组成部分，作为一种统计方法对变量之间的密切程度展开研究。在使用该种分析方法做研究时，距离相关分析通过将原始共被引矩阵转化为相关矩阵来计算变量之间的相似性测度。将原始数据矩阵转化为相关矩阵是为了将原始矩阵标准化，以此来消除由于同行评议专家被引次数不同而带来的影响，同时也能够更好地将同行评议专家之间的相似与不相似程度体现出来。

（2）多维尺度分析

多维尺度分析（MDS）也是数据分析方法的一种，它的作用是对研究对象进行定位、分析与归类，方式是将多维空间中的研究对象简化到低维空间，同时，又将研究对象间的原始关系予以保留。作者（文献）之间的联系通常是通过二维空间这个低维空间展现出来的，作者（文献）之间的相似程度也可以用平面距离反映出来。在研究对象之间的相似性（距离）时，多维尺度分析是一个被广泛运用的分析方法，相似性图谱是在已知研究对象距离矩阵的基础上，利用统计软件生成的。

本文利用多维尺度分析的方法制作科学知识图谱，将作者（关键词）之间的相似性通过位置距离显示出来，并建立起聚集了具有高度相似性的作者（关键词）的科学共同体，也即学科前沿。由此我们可以知道，在科学知识图谱中，与其他作者联系较多的作者（关键词）往往处于中间位置，这些作者（关键词）也占据着学科中的核心位置，与外围的作者（关键词）对于学科的影响力相比也就更强。应用多维尺度分析的方法能够为判断某领域的研究主题、思想流派与其他学术共同体在学科中的位置提供较为便捷的方式。多维尺度分析能够更加直观、更加形象地将图形结果展示出来，这是其与因子分析相比的优势，但多维尺度分析也有自己的弊端——无法在确定学术群体边界与数目时比因子分析更加清晰，因此，在绘制共被引的知识图谱时，因子分析的结果极具参考价值。

（3）聚类分析

在多元的统计分析方法中，由于聚类分析能够通过数据建模来达到简化数据的目的，其在实际操作中是一种使用率非常高的分析方法。传统的统计聚类分析方法包括系统聚类法、分解法、加入法、动态聚类法、有序样品聚类、有重叠聚类和模糊聚类等。聚类分析与相关分析具有相同的研究起点与目标，即将原始数据的矩阵作为研究起点，以获得点的二维图作为研究目标。由此可见，降低维数技术中包含着聚类分析。自然群（聚合）的识别与聚类分析密切相关。聚类分析本质上是一种多元的分析技术，在对研究对象进行统计分类时，聚类分析往往会将研究对象的外在特征作为研究依据。R 型聚类和 Q 型聚类是将聚类分析以数据使用的角度做分类，使其在探测性研究与实证性研究方面都能有所贡献。将主成分分析、多维尺度分析与因子分析加以结合，就形成了聚类分析。

本文为形成同行评议专家不同的学术范式与学术流派，将同行评议专家学术思想的论文引证关系进行聚类并加以分析，研究学科内与交叉学科的论文关键词与附加关键词，以此来探究该学科领域及有关交叉学科当前的热点主题。

（4）社会网络分析

社会网络分析也被称作"结构分析"，作为一种分析方法，社会网络分析属于社会学范畴，可以通过分析将人与人（组织与组织等）之间的关系测量、展现出来。社会网络分析在分析人与人或组织与组织等之间的关系时，是在网络中通过连线的方式进行的。社会网络分析主要研究的是社会系统结构之间的关系，在可视化图谱与数学分析中利用网络成员（节点）之间的关系加以分析，每个节点的实际贡献并不是分析的有效依据。随着科学技术的发展，包括 UCINET 和 Pajek 在内的社会网络分析软件被开发出来并提供给工人们免费下载使用，使社会网络分析方法在学术界的应用范围逐步扩大。

数学与计算机技术是社会网络分析的主要思想来源，除此之外，社会网络分析的基础理论思想还会受到由多学科组成的交叉科学技术的影响。社会计量学是社会网络分析诞生的理论基础，研究个体行动者本身、忽略其他人行为的个人社会理论与数据分析并没有考虑行动者的社会背景，而在社会网络分析中，对行动者之间关系的研究超越了个体属性。但需要明确的一点是，如果要想更加透彻地理解社会现象，行动者之间的关系与个体属性都是不应该被忽略的。社会结构在社会网络分析中是以网络的形式存在的，成员之间的联系构成了网络之间的连接。成员之间的联系与个体特征相比，是社会网络分析较为注重的方面，社会网络分析将共同体看作是人们在日常生活中所建立、维护并应用的个人关系的网络，它以网络结构如何影响行动者的行为作为研究方向展开研究。

显而易见，自我网络分析和全球网络分析都是社会网络研究的方法，它们为许多学科附加价值的增加提供了条件。由于社会网络分析的结构能够揭示信息传播的规律，满足了社会科学家们对人类交互作用模式的好奇心，因此，其不仅以经验性研究对象的身份存在于社会科学领域中，还作为理论性研究的对象为社会科学家们提供了研究方向。有研究表明，科学合作网络与互联网中可视化网络的研究之所以成功，就是因为在研究过程中使用了社会网络分析方法。本书中关于同行评议专家的学术范式与学术派别网络图的构建、学科领域知识本体概念网的建立和交叉学科的知识图谱绘制都使用了社会网络分析的方法。可以看出，社会网络分析的方法能够为科学评价管理者提供同行评议专家的学科背景知识与其所擅长研究的学术主题，为判定交叉学科项目并进行科学评价打下了基础。

二、人才评价的基本原则

我国高校随着社会经济的步伐迅速发展，与此同时，影响高校发展的重要因素——人才管理成为现阶段高校重点关注的问题。为顺应社会发展，高校迫切需要建立合理、科学的人才评价体系，实现对人力资源的有效控制。人才评价体系的构建是比较系统的工作，杨国祥等学者通过对人力资源管理的研究，指出构建人才评价体系应把握的 5 个基本原则，以进一步探讨一下人才评价体系的构建[①]。

（一）整体性原则

整体性原则是指高校在进行人才评价时需要注重对学生全方位、全过程评价，切忌片面、阶段性的评价方式。在选择评价方式时，为保证评价的整体性，可以将诊断性评价、形成性评价与结论性评价结合起来，共同对人才的知识、能力、素质等方面进行评价。若在人才评价的过程中较为片面，可能会影响人才评价的效果，不利于之后评价工作的展开。因此，在对人才进行评价时，要运用科学化、

---

① 杨国祥，尹家明，万碧波等主编. 创新人才培养理念与模式 [M]. 江苏大学出版社，2007.

系统化的评价标准，充分发挥人才的培养功能统筹策划与运作，这也符合人才全面发展的观点。

（二）差异性原则

个体发展的客观规律在人才培养的过程中起着重要作用。个体间的差异体现在兴趣爱好、观念与思维方式等诸多方面，所以，高校要重视个体之间的差异，因材施教，通过不同教育手段的运用促进每一个学生发展其创新精神与实践能力。马斯洛是美国著名的心理学家，他曾在他的著作《人性能达的境界》中提到："那种有创造力的人才是问题的本质，那么你面临的问题就成为人性转变、性格转变、整个人充分发展的问题。[①]"因此，创新素质是评价人才全面发展和个性发展的重要标志。人才评价中要充分理解个体之间的差异，不得"一刀切"，应把人才所取得的成绩和能力与各自的起始水平相比，考核各自的进步情况，应以发展性评价为评价体系的核心。

（三）科学性原则

为得到更加真实准确的人才评价结果，就要在科学的前提下使用评价技术手段确定评价标准。在对人才进行评价的过程中，统一评价标准至关重要，这样才能摆脱个人印象与情感上的主观臆断，这样才能在评价时实事求是。人才评价要遵循教育规律，从实际出发，要定性定量相结合，要抓住本质问题，就其主题进行评价，要让评价工作达到事半功倍的效果，有利于创新教育在评价结果的引导下可持续发展。

（四）实践性原则

为达到人才更好更快成长的目的，在间接经验的学习中，过程比结论更可贵，亲身体验比道听途说更可贵，锐意开拓比坐享其成更可贵。实践是创新的源泉，是人才成长的必由之路。人才是指适应社会需要、具有创新能力的人，在培养创新人才的过程中，要将培养人才的创新能力作为首要任务。创新能力包括创新精神与实践能力，因此，各式各样的如动手操作、实验探索、调查研究与参加各种社会活动等实践活动的开展能够为创新人才的培养提供帮助。由此可见，"创新

---

① 　马斯洛著.人性能达的境界 [M].林方译，昆明：云南人民出版社.1987.

能力源于实践、服务于实践"的思想应该时时刻刻贯穿在人才培养的评价内容与评价指标中。

（五）导向性原则

全面发展的教育目的与教育改革的方向是评价标准与指标体系的内在含义，一旦确定了具体的教育目的与改革方向，评价标准与指标体系就成为发挥导向作用的"指挥棒"。在培养人才学习能力与创造力前，要在有关指标体系中设置具体项目，将人才培养应达到何种要求加以确定。为进一步强化评价标准与指标体系的导向作用，还可以在项目中设置权重，以评价机制为载体反馈培养进度。显而易见，在培养人才的创新精神与实践能力的过程中，导向性原则确实会发挥相应程度的激励作用。正确运用导向性原则，可避免我们的教育成为"扼杀创造的力量"，使我们的教育成为"培养创造精神的力量"。

第三节　国外高校人才评价制度研究

一、国外高校人才培养质量评价体系的现状

（一）柯氏四级评估模型

柯氏四级评估模型理论构架是现阶段国际上公认的、较为完善的针对人才培养质量制订的科学评价体系。1959年，国际著名学者、美国威斯康星大学教授唐纳德·L·柯克帕特里克提出了"柯氏四级培训评估模式"，直到现在，柯氏四级培训评估模式仍旧是使用率最高的培训评估工具，它是一种较为科学的衡量培训或学习效果的评估途径，由反应评估、学习评估、行为评估和成果评估四个层次构成。

1. 反应评估

为考查学生对一项教学活动的满意程度，以及学生对学习效果的掌握程度与反馈，学校会为学生发放调查问卷，并在学生填写完成之后回收问卷，这种评估方式就叫作反应评估。

2. 学习评估

学习评估是现阶段被使用最为频繁的一种评价方法，这种评价方法是为考查

学生的学习效果，在教学活动告一段落时，对学生采取笔试、实地操作与模拟工作等一系列方式进行的评估。

3. 行为评估

为考查学生在顶岗实习期间的学习效果，学校可以在教学活动结束后的一段时间通过对企业实习指导教师、校内实习指导教师、实习部门领导与实习部门同事进行问卷调查、访谈、观察与绩效考核等方式进行访问，这种评估方式就叫作行为评估。

4. 成果评估

针对实习期较长（6个月以上）的学生，要及时探查学生在工作岗位上是否适应、学生个人的成长与发展规划、学校对工作单位绩效的影响与学生是否能为企业创造出实际的生产效益，这种评估方式仍然可以通过问卷调查、访谈与绩效考核的方法进行，即成果评估。

（二）美国的认证制度

认证制度是美国人才培养质量评价模式的核心，美国的人才培养质量评价模式的显著特征是"标准"，即教育评价标准。在这种评价模式中，评价活动之所以能够发挥重要作用，就是因为这种评价模式是以专业的鉴定制度为基础设立的。

（三）英国 BTEC 模式考核评价制度

专业能力成果与通用能力成果作为英国 BTEC 模式考核评价制度的组成部分，在对学生学习成果的考核方面发挥了较为重要的作用。专业能力对学生的要求主要是能够明确并实际操作教师制订的任务项目，使之将专业知识逐渐掌握、运用并加以创新；通用能力是指学生的综合能力，如沟通、自我管理、解决问题、完成任务、运用现代科技手段、设计与创新能力等，英国 BTEC 模式考核评价制度要求学生能够将这些能力体现在完成具体任务项目的全过程。

以证据为依据和以成果为标准的评价模式是 BTEC 模式考核评价制度的基本要求。它的内涵是考核者针对学生的成果给予具有真实证据的具体成绩和等级。证据的主要内容包括：

（1）学生的课堂 / 实践表现；

（2）社会与学校对于学生的评价与对学生的客观反映；

（3）学生自己在学习过程中的记录，如笔记、总结和自我评价等。

可以将以上这些证据以学习心得、个人总结、测验单、教师书面反馈意见、实习报告、调查总结、工作记录、照片与计算机文档的方式呈现。

课业作业是 BTEC 模式考核评价中最主要的评价形式。由于专业较多，且均具备各自的特点，除了使用课业作业这种评价形式外，还可以使用"课业 + 笔记 + 活动""课业 + 笔记""课业 + 案例分析""课业 + 口试"等多种考核方式对学生的学习效果进行考核评价。

（四）日本的 JABEE

20 世纪末期，由于高技能人才教育的认定领域存在空白，日本文部省、通商产业省联合工学领域的学术团体以及产业界人士为提高高等工程教育、理学教育与农学教育等技术人员的教育质量，进一步提高人才国际竞争力，建立了一个日本技术者教育认定机构（JABEE），这个机构的作用就是专门认定日本大学高技能人才的培养计划。

学生考试成绩是 JABEE 评价教学成果的重要组成部分，培养学科综合化与学生的能力是 JABEE 较为注重的。JABEE 曾提出了 7 个教学目标，其中，多角度思考问题的能力、数学自然科学和信息技术的知识与应用能力、专业知识与应用能力、语言交流能力、终身学习能力和计划综合能力等 6 项能力都是针对学生能力提出的培养要求。

二、国外高校人才培养质量评价体系的特点

（1）各国都有相应的法令和制度保障，对高校人才培养质量评价体系有明确要求

由州机构领导与联邦援助的认证制度是美国人才培养质量评价模式的核心；作为英国最大的考试认证机构，BTEC 结合了英国最好的学术传统与现实工作中所需主要技能的开发与评估；日本为认定高技能人才培养，成立了如 JABEE 这样的技术者教育认定机构。

（2）人才培养质量评价体系是一个系统工程，注重人才培养的长期性

由于柯氏四级评估模型将学生长期发展放在重要位置，其建立起的评价体系

贯穿了人才培养的各个阶段，将高校对高端技能型人才的培养效果相对客观地展现出来，人才的价值也因为其给社会带来的社会效益与经济效益逐渐显现。因此，柯氏四级评估模型是现阶段国际上公认的较为完善的人才培养质量评价体系理论架构。

（3）注重对人才培养成果的评价

学生在毕业时掌握了什么、能做什么、毕业生及其科研质量是美国认证制度在人才培养质量评价中较为重视的；英国 BTEC 模式要求对学生的评价要做到以证据为依据，以成果为标准；日本的技术者教育认定机构是将学生的考试成绩作为评价的标准，注重培养学生综合化的学科能力的同时，也将培养学生的能力放在了更加突出的位置。

（4）注重对学生综合能力的评价

柯氏四级培训评估模式对学生综合能力的评价是通过行为评估与成果评估两方面共同构成的；突出学生个体综合能力的评价是美国认证制度的评价方式；而英国的 BTEC 模式考核评价制度则侧重于对学生 6 项能力的评价；日本的技术者教育认定机构不仅重视学生学科综合化的培养，也更加注重培养学生的各项能力，将学生的考试成绩作为评价重中之重是日本 JABEE 机构的一大特点。

三、对我国高校人才评价质量的启示

（1）明确人才质量评价体系的意义

一个比较成熟和有特色的教育质量评价体系忽视学校、学生和产业、行业，或忽略了社会中任何事物的发展，就说明这个教育质量评价体系并不科学，有待完善。科学的教育人才培养质量评价体系应该在科学、先进的现代教育理念下不断完成对自身的优化与完善，与时俱进，使教育质量评价体系越来越具备现实意义。

（2）积极构建第三方人才质量评价制度

行业、企业、毕业生、学生家长与相关机构等对学生的评价就是第三方评价，通过论证，可以将这些第三方评价得出较为科学准确的结果。由于在第三方评价中，评价主体与高校之间不存在隶属关系，因此，第三方评价能够为人才质量评价提供较为科学、合理、公正的评价。同时，要注意行业与企业在第三方评价中占据的重要比重。

（3）注重评价指标的范围合理性和科学性

指导理念与评价指标的选择是影响人才培养质量评价体系合理与否的关键因素，因此，在人才培养质量评价体系中使用评价指标必须要注意以下几点：①全面化与细节、重点化并重；②科学性与操作性并重；③学校内部发展与学生可持续发展并重；④学生对知识的掌握程度、学生对社会的适应能力与终生学习能力并重。为使人才评价更加具备科学性与实际意义，高校在培养人才时既要注重指标综合构建，又要选择恰当的方法。

第四节　我国高校人才评价制度的构建

一、建立高校人才评价体系

早在 21 世纪初，我国就提出了想要建立科学、社会化的人才评价机制，就要将能力与业绩放在重要位置。《中共中央、国务院关于进一步加强人才工作的决定》的出台，为高校进一步改革与完善人才评价机制提供了思路，即使用科学的人才评价标准，依靠人才评价手段的创新对人才评价主体进一步完善，发挥能力与业绩在人才评价机制中的导向作用。

（一）坚持定性和定量相结合，确立科学的人才评价标准

在建立高校人才评价体系时，首先要确立科学、客观的人才评价标准，使人才评价具备统一的评价标准。其次，要结合定性与定量方面的要求，按照德才兼备、注重实际与群众认可的原则对人才进行评价。

（1）适应时代发展需要，树立科学的人才观

1990 年以后，我国对人才的衡量标准已经变成了"本科以上""工程师以上""任职 5 年"等具体的对于学历与经验的青睐。但在实际工作中，这些只是一个人的外在标志，并不能为企业筛选出真正有才干、能力强的人，在选拔人才的过程中，如果只注重学历、职称、资历，就会导致企业中的重要岗位缺失应有的人才。新型的、科学的现代化人才观念应该随着社会主义市场经济的发展逐步建立。企业要明确，只要一个人具备创造性劳动的能力，其所具备的知识和技能

可以胜任企业中的某个岗位，可以为建设中国特色社会主义伟大事业贡献自己的力量，那么这就是一个合格的人才。要将"四个不唯一个不拘"落实在具体工作中，转变以学历为本的人才培养观念，将人的能力作为衡量与评价人才的重要标准，克服重学历职称、轻业绩贡献，重资历身份、轻能力实干的现象，做到不唯学历、不唯职称、不唯资历、不唯身份、不拘一格选人才。要坚持"五重五不简单"。即重发展实绩，但不简单以数字取人；重群众公认，但不简单以票取人；重"四化"方针，但不简单以文凭、年龄取人；重干部标准，但不简单以求全取人；重竞争激励，但不简单以考试取人。

（2）注重群众公认，努力在"三个认可"上下功夫

分清教学人才与行政管理的特点，坚持群众认可、社会与业内认可、市场认可，是加强高校系统教学人才与行政管理建设的重要要求。群众认可是指在衡量高校行政管理人才时要充分考虑群众的意见，坚持群众公认、注重实绩，考察对象的确定也要坚持群众认可的原则。社会与业内认可是指教学人才的评价工作必须与岗位要求相对接，同时，在做出专业技术人才评价时，要充分考虑社会与业内的认可。市场认可是指在对学生就业率情况进行测评时，要重点关注培养出来的学生的综合素质是否与市场经济的发展要求相匹配，即在市场经济发展进程中把握行政管理与教学人才的考核评价。

（3）依据"两支队伍"要求，建立量化的人才评价标准

由于高校系统中的"两支队伍"存在不同的要求，因此，在对高校人才进行考察评价时，制订量化分类评价标准成为必要。量化分类评价标准是指以品德、能力与知识为主要内容，以能力与业绩为核心的人才评价标准。干部政绩考核标准是相对于行政管理人才来说的，在评价行政管理人才时，要注重规范不同层次的岗位职责，同时，也要加快落实任期目标负责制的制度健全完善，使干部政绩考核标准符合科学发展观的要求。教学人才评价标准的建立必须要符合科学发展规律，将资格考试与同行评议方法相结合，使人才评价标准更加公正、社会化程度更高。

（二）坚持组织、群众和专家相结合，完善人才评价主体

（1）完善人才评价主体，增强人才评价的客观性

评价主体的完善程度是衡量人才评价科学准确的标尺，这影响到是否能对人

才做出客观、公正的评价。现有的评价主体随着时代的发展渐渐失去了原有优势，以发展的眼光来看，单一的评价主体与单调的评价方式已经不再符合现阶段的要求，因此，人才评价主体的完善已经刻不容缓。为使评价主体更加丰富，要在组织、人事部门与领导外加入群众与社会化专业评价专家，使群众路线这一党的根本工作路线充分体现在人才评价中。

（2）改革人才评价方式，建立社会化的专业技术人才评价机制

专业技术人才评价以《中共中央、国务院关于进一步加强人才工作的决定》作为改革的理论基础，使人才评价的中介组织得到发展，社会化程度较高的人才评价机制也建立并逐渐完善了。科学有效的评价工作很大程度上会受到人为的主观因素的影响，在专业技术人才评价方面引入专业性中介评价机构，有利于将人才评价工作透明化，最大程度发挥其专业优势，科学、客观、专业地为人才评价工作保驾护航。

（三）坚持传统方法和现代手段相结合，创新人才评价手段

人才评价体系是一种综合选才、识才的方法体系，它以测量学、心理学、行为学、管理学、计算机技术等作为学科基础。使用测评技术与计算机管理等多种科学手段，结合传统有效的人才评价方法与国内外先进的人才测评手段，科学、规范地评价人员素质。

（1）实行人才微机化管理，建立人才评价管理档案

建立健全教职工教育培训管理软件、人才评价信息管理软件等各类人才评价管理软件系统，就要在人才评价中具体问题具体分析地引入计算机管理技术。微机化人才评价工作能够使人才评价更客观、更科学，有利于减少人才评价主体的主观因素带来的负面影响与人才评价工作的局限性。

（2）利用科学的测评技术，创新人才评价手段

随着时代的发展，现代测评技术与职业心理测评技术被广泛地运用在对于人才的评价上，我国在对人才进行评价时，结合了传统测评方法与国外的人才测评技术，为在需要公开选拔、竞争上岗、组织面试的场合测评一个被测试人员是否具备担任该职位的心理素质与特点，可以在模拟的工作情景中对被测试者按照现代人才特点与企业中实际的工作要求使用多种评价与心理测验技术，以便更好地测试出被测试者的社会适应性、智力、心理健康程度、认知能力与能力倾向等。

二、完善高校人才评价机制

（一）拓宽人才评价渠道，注重群众民主监督

（1）拓宽评价渠道，建立高校人才评价工作联系机制

努力拓宽评价渠道、建立并不断完善人才评价的工作联系机制是高校在进行人才评价工作时的重点任务。第一，建立联络员制度。这是通过扩大干部信息源，使高校更加全面地了解干部的日常工作。第二，建立人才评价制度。纪检、监察等部门对人才评价的意见也必须重视起来，要将干部的廉洁自律、工作能力与专业水平状况尽可能多地掌握，这样更有利于对人才的准确评价。第三，完善考察组与考察对象的面谈制度。高校要经常与考察对象面谈，这样能够充分了解考察对象的理论素养、工作思路、知识结构、个性特征、自我认识能力与分析问题能力，为真实准确的考察意见打下坚实的基础。

（2）扩大群众"四权"，加强民主推荐和民主测评工作

在考察评价中，为进一步加强民主推荐与测评工作，首先要完善考察预告、任前公示制度，其次，要将民主推荐放在重要位置，以此为依据对干部进行选拔任用，这样有利于选拔出真正拥护群众的干部。按照《党政干部选拔任用工作条例》与中共福建省委的要求扩大群众在干部选拔任用期间的知情权、参与权、选拔权与监督权。

（二）扩大考核范围，完善人才评价方法

（1）改进考核方法，扩大考核范围

德才兼备是选拔人才时的一项重要原则，人才的选拔是综合性的选拔，要做到工作能力与道德品质相结合，学识、能力与品德相结合，对干部的考核不仅要停留在工作圈，还要扩大到生活圈、社交圈，考察内容里要添加"八小时"以外时间的表现，以此为依据评价考察对象的个人品德与生活作风。上级领导与单位群众的意见对人才的考核也起着非常重要的作用，只有在评价的过程中联系各方，才能使考察工作更加客观、更具说服力。

（2）扩大考核面，建立差额考核机制

在以往的考察机制中，许多干部已经形成了"有考察就一定有提拔"的片面

认识，因此，我们要在现阶段的干部考察中拓宽任用视野，同时，还要以考核任务作为扩大干部考核的范围、增加考核对象的依据。具体方法有两种，一是在任前考核中采取差额考核的方式提升考核比例；二是对满足条件的对象进行全面考核，以考核结果作为选拔依据，在考核中体现公平、平等、竞争、择优的考核原则。

（三）改进人才评价方式，坚持综合评价人才

坚持综合评价人才，就是要改进人才评价方式，摒弃民主测评中以票取人的陈旧规则，对于年轻肯干的干部要坚持具体问题具体分析的原则区别对待，在坚持党管干部的原则和不打击干部工作积极性的前提下充分尊重群众意见与测评结果。在人才评价的过程中，利用同类别横比、同岗位纵比、同要求互比等方式全面评价人才。对人才综合评价是为了更好地把握人才的本质特征，因此，在对人才进行评价的过程中，不仅要看人才在实际工作中取得的成绩，还要加大人才在基础性工作中的力度，在对人才进行评价时，要将平日的工作能力与应对突发事件的能力放在同等重要的位置。

（四）实行人才评价责任制，正确运用人才评价结果

（1）实行人才评价责任制，确保评价材料真实客观

在建立人才评价责任制的过程中，首先要确定考察评价的责任人，考察组成员要秉持对考察材料负责的态度，将考察意见细致地汇报给考察评价责任人。在撰写书面评价材料时，要将考察对象德能勤绩廉方面的总体情况认真总结、如实汇报。突出个性特征是对人才评价结论的要求，人才评价不能照猫画虎，必须结合个体如实反映，将评价工作的准确性与可信度有效提升。

（2）正确运用评价结果，努力创造人才脱颖而出的环境

结合人才评价结果与人才使用，在干部的任用、奖惩、教育与管理中落实考察评价结果，使考察工作的激励作用最大化。在完善我国高校的人才评价机制时，要坚持"四个不唯一个不拘"的要求，加强选人用人导向，任用优秀人才，在人才短缺的市场环境中努力改善用人环境，创造人才济济、知人善任的繁荣局面。

参考文献

[1] 卢林祝.校企合作定制式人才培养模式研究 [J].合作经济与科技，2022（06）：80-81.

[2] 邢晓.百万扩招：高职校企合作育人的时代变革 [J].教育科学探索，2022，40（01）：57-65.

[3] 齐运锋，黄鸿娇.应用型本科院校校企合作的策略 [J].继续教育研究，2022（01）：109-112.

[4] 朱宇亮.深化职业教育校企合作的探索 [J].职业教育（下旬刊),2021,20（11）：92-96.

[5] 张尚，闫萌，李楠，等.校企合作对工程管理专业学生竞争力提升的影响研究 [J].工程经济，2021，31（11）：76-80.

[6] 乔雪.高职校企合作信息化平台构建探索 [J].财经界，2021（32）：48-49.

[7] 翟小宁，荣佳慧.创新人才培养的国际经验及启示 [J].中国高等教育，2021（20）：62-64.

[8] 孟毅芳.创新人才培养需多方聚力 [J].中国人才，2021（10）：45-47.

[9] 高政.校企合作视角下大学生就业服务体系研究 [J].中国多媒体与网络教学学报（上旬刊），2021（10）：167-169.

[10] 张良.高职院校校企合作存在的问题与对策研究 [J].轻工科技,2021,37（10）：169-170.

[11] 李响初.国外职业教育产教融合人才培养模式比较研究 [J].继续教育研究，2021（06）：82-85.

[12] 郭雅洁，刘颖.国外应用型人才培养模式的启示与借鉴 [J].职业教育研究，2021（02）：85-91.

[13] 李志民.高校人才评价：坚持特色引领和科学评价 [J].神州学人，2021（01）：

26-29.

[14] 支松柏 . 现代学徒制的"校企合作、工学结合、顶岗实习"人才培养模式研究 [J]. 科技风，2020（34）：167-168.

[15] 那广利 . 地方高校人才评价与激励机制思考 [J]. 神州学人，2020（S1）：40-43.

[16] 李环宇 . 产学研合作创新人才培养效果影响机理 [J]. 中国高新科技，2020（08）：28-29.

[17] 那广利 . 高校人才的发展性管理评价研究策略 [J]. 人才资源开发，2020（04）：11-12.

[18] 许彧青，周春晖，王明明 . 校企合作协同创新人才培养模式初探 [J]. 教育现代化，2020，7（09）：5-6+18.

[19] 黄明月 . 近十年国内地方高校应用型人才培养模式研究综述 [J]. 湖北第二师范学院学报，2020，37（01）：92-96.

[20] 范峻彤 . 应用型人才培养视阈下的创新创业教育探索 [J]. 智库时代，2019（52）：35-36.

[21] 吴画斌，许庆瑞，陈政融 . 数字经济背景下创新人才培养模式及对策研究 [J]. 科技管理研究，2019，39（08）：116-121.

[22] 林洁 . 国外高校人才培养模式对河南省民办高校的启示 [J]. 现代企业，2019（02）：94-95.

[23] 陈美娜 . 新时期民办高校高层次人才评价现状调查研究 [J]. 才智，2018（14）：234.

[24] 郑路 . 我国高职教育人才培养模式存在的问题与对策 [J]. 文学教育（下），2017（05）：156.

[25] 邵丹，朱林莉 . 转型期应用型院校创新人才培养模式研究 [J]. 中国管理信息化，2017，20（05）：254-255.

[26] 薛景 . 高校人才培养质量评价的大数据模型研究 [D]. 马鞍山：安徽工业大学，2017.

[27] 邓嘉瑜 . 美国研究型大学跨学科人才培养的模式研究 [D]. 广州：华南理工大学，2016.

[28] 马玲玲.国内高等职业院校人才培养模式类型分析 [J]. 成功（教育），2013
（20）：77-78.

[29] 于淼.国内高校人才培养模式发展趋势研究 [J]. 沈阳大学学报,2011,23（03）：
67-68+75.

[30] 唐艳，高联辉，胡慧莲.国外高职人才培养模式的比较分析 [J]. 商场现代化，
2008（18）：317-318.